中国工会十七大报告
辅导读本

李玉赋　主编

中国工人出版社

目　　录

以习近平新时代中国特色社会主义思想为指导　团结动员亿万职工为决胜全面建成小康社会　夺取新时代中国特色社会主义伟大胜利而奋斗

——在中国工会第十七次全国代表大会上的报告

（2018 年 10 月 22 日）

王 东 明

各位代表，同志们：

现在，我代表中华全国总工会第十六届执行委员会向大会作报告，请予审议。

中国工会第十七次全国代表大会，是在我国进入全面建成小康社会决胜阶段、中国特色社会主义进入新时代召开的一次重要会议。大会的主题是：**以习近平新时代中国特色社会主义思想为指导，坚持走中国特色社会主义工会发展道路，忠诚党的事业，竭诚服务职工，团结动员亿万职工为决胜全面建成小康社会、夺取新时代中国特色社会主义伟大胜利而奋斗。**

一、过去五年工会工作的重要成就

党的十八大以来，以习近平同志为核心的党中央团结带领全党全国各族人民，统筹推进“五位一体”总体布局、协调推进“四个全面”战略布局，党和国家事业取得历史性成就、发生历史性变革，中国特色社会主义进入了新时代。在这一伟大历史进程中，全国亿万职工以高度的主人翁责任感和历史使命感，凝心聚力、砥砺奋进，为推进中国特色社会主义伟大事业作出了重要贡献。

习近平总书记始终关心重视工人阶级和工会工作，领导召开党的历史上第一次中央党的群团工作会议，指导制定加强和改进党的群团工作的意见、产业工人队伍建设改革方案和全总改革试点方案等，亲临全总机关与劳模代表座谈、给劳模本科班学员回信，每到一地考察都深入基层看望劳模、慰问职工，围绕工人阶级和工会工作多次发表重要讲话、作出重要指示，为充分发挥工人阶级主力军作用、推进党的工运事业和工会工作指明了方向。中国工会十六大以来的五年，各级工会把学习宣传贯彻习近平新时代中国特色社会主义思想和党的十八大、十九大精神作为首要政治任务，认真学习贯彻习近平总书记关于工人阶级和工会工作的重要论述，坚持走中国特色社会主义工会发展道路，把握为实现中华民族伟大复兴的中国梦而奋斗的工人运动时代主题，忠诚履职、积极作为，各项工作取得了显著成效。这五年，是工会组织和工会工作政治性、先进性、群众性进一步增强的五年，是维权服务工作不断推进的五年，是工会深化改革锐意进取的五年，是工会系统党的建设持续加强的五年，是工会在党和国家工作大局中作用有力彰显的五年。

（一）切实加强对职工的思想政治引领，党执政的阶级基础和群众基础更加巩固。

各级工会把团结引导职工听党话、跟党走作为重要政治责任，提升政治站位、加强理论武装，深化学习教育、层层培训宣讲，推动习近平新时代中国特色社会主义思想进工会院校、进基层一线、进工会干部和广大职工头脑。广泛开展“中国梦·劳动美——永远跟党走”“喜迎党的十九大”等主题宣传教育活动，通过职工大讲堂、劳模工匠宣讲团等，加大宣传阐释力度，覆盖职工超过3亿人次。坚决贯彻落实意识形态工作责任制，加强和改进职工思想政治工作，加强职工职业道德建设，扎实开展精神文明创建活动，积极培育职工文化，建设职工书屋10万多家，辐射职工6000万人以上，引导职工践行社会主义核心价值观。各级工会干部和广大职工切实增强“四个意识”，坚定“四个自信”，对习近平新时代中国特色社会主义思想高度认同，对习近平总书记作为党的核心、军队统帅、人民领袖衷心拥护，对中华民族伟大复兴的光明前景充满信心，在思想上政治上行动上同以习近平同志为核心的党中央保持高度一致。

（二）大力弘扬劳模精神、劳动精神、工匠精神，工人阶级在实现中国梦中的主力军作用充分发挥。

贯彻落实新发展理念，组织职工先后开展“当好主力军、建功‘十二五’”“践行新理念、建功‘十三五’”“当好主人翁、建功新时代”等主题劳动和技能竞赛，在“一带一路”建设、京津冀协同发展、长江经济带发展等国家重大战略中展示风采，在港珠澳大桥、“蛟龙”、神舟、高铁、大飞机等重大工程中攻坚克难，在打赢防范化解重大风险、精准脱贫、污染防治三大攻坚战中献计出力，在深化供给侧结构性改革、振兴实体经济、推动经济高质量发展中展现作为，在实施创新驱动发展战略中勇立潮头。五年来，参加基层企事业工会开展的劳动和技能竞赛的职工达5.2亿人次，提出合理化建议6224.6万件，实现技术革新349.0万项。开展“中国梦·大国工匠篇”“大国工匠进校园”主题宣传，选树“金牌工人”“首席技师”“首席员工”271.1万人次，县级及县级以上地方工会命名劳模创新工作室1.8万家，7项一线技术工人创新成果荣获国家科技进步奖，叫响做实“大国工匠”品牌，推动形成尊重劳动、崇尚技能、鼓励创造的社会风尚。

（三）扎实推进产业工人队伍建设改革，工人阶级先进性不断增强。

中共中央、国务院首次出台《新时期产业工人队伍建设改革方案》。按照党中央部署，全总牵头、会同有关部门，研究制定方案并组织落实，推动建设一支有理想守信念、懂技术会创新、敢担当讲奉献的宏大的产业工人队伍。着眼构建产业工人技能形成体系，创新技能导向的激励机制，推动出台《关于提高技术工人待遇的意见》等政策。加强职工技能培训，五年来，3463.8万人次参加基层以上工会开展的技术培训。重视满足产业工人的精神文化需求，产业工人队伍精神面貌焕然一新，在引领社会风尚中发挥了积极作用。

（四）深入开展维权服务工作，职工群众获得感、幸福感、安全感大幅提升。

高举维护职工合法权益的旗帜，围绕职工最关心最直接最现实的利益问题开展工作。协助党委和政府做好供给侧结构性改革中职工转岗安置、劳动关系处置、再就业培训、创业带动就业等工作。积极参与涉及职工利益法律法规政策的制定修改，职工合法权益得到制度性保障。开展集体协商攻坚活动，推动平等协商和集体合同扩面提质增效，坚持和完善以职工代表大会为基本形式的企事业单位民主管理制度，开展以“安康杯”竞赛为载体的群众性安全生产和职业健康活动。推进女职工维权服务工作，女职工合法权益和特殊利益进一步得到维护。创新农民工维权服务工作，推动农民工欠薪问题解决，提升农民工职业技能，农民工权益进一步实现。贯彻落实中共中央、国务院印发的《关于构建和谐劳动关系的意见》，深入开展和谐劳动关系创建活动。大力推进城市困难职工解困脱困工作，拓展困难职工帮扶中心功能，实施“四个一批”、精准帮扶，实现送温暖、金秋助学、阳光就业、职工医疗互助保障等工作常态化、长效化。五年来，各级工会累计筹集帮扶资金 200 亿元，帮助 242 万户的困难职工家庭脱困。加强工会援疆援藏工作，提升对口帮扶针对性实效性。积极推动源头治理劳动关系矛盾，参与劳动争议处理，开展工会劳动法律监督和法律援助工作，推进工会联系引导劳动关系领域社会组织工作，维护劳动关系领域政治安全。

（五）持续深化工会改革创新，工会组织吸引力凝聚力战斗力明显增强。

贯彻落实《中共中央关于加强和改进党的群团工作的意见》和中央党的群团工作会议精神，全总作为中央群团机关改革试点单位，紧紧围绕保持和增强政治性、先进性、群众性，先行先试、勇于创新，上海、重庆市工会在群团改革试点中，有力有序推进改革，取得了阶段性成效，创造了一批可复制可推广的经验。各级工会结合实际主动对接、及时跟进，形成了上下联动、左右互动、整体推动的改革局面。工会领导机关精简编制，提高领导机构中劳模和一线职工代表比例，建立专职为主、兼职与挂职相结合的工会干部队伍，增强了工会组织的广泛性和代表性。以非公有制经济组织、社会组织、新产业新业态、开发区（工业园区）为重点领域，以农民工、货车司机等群体为重点对象，开展“强基层、补短板、增活力”工作和入会集中行动。积极推进“互联网＋”工会建设，探索普惠职工、网上入会等新方式、新途径，工会组建实现新的突破。目前，全国工会会员总数3.0亿人，其中农民工会员1.4亿人，基层工会组织280.9万个，覆盖单位655.1万个。发挥产业工会联系广泛、熟悉产业、直通基层的优势，积极推进各具特色的劳动和技能竞赛、维权服务等工作。改革完善工会资产监督管理体制机制，突出工人文化宫、工会院校、工人疗休养院的公益性、服务性，推动工人文化宫、职工书屋纳入公共文化服务体系。深入开展加强基层工会工作、产业工人队伍建设、保障和改善民生、全国职工队伍状况等重大调研活动，推进联系基层、服务职工长效化机制化建设。

（六）全面加强工会系统党的建设，风清气正的政治生态进一步形成。

建立健全工会系统党建工作责任制和党风廉政建设责任制，切实履行“两个责任”，推动工会全面从严治党向纵深发展。坚持以党章为根本遵循，把党的政治建设摆在首位，严格遵守政治纪律和政治规矩，扎实开展党的群众路线教育实践活动、“三严三实”专题教育、“两学一做”学习教育，增强了工会系统党内政治生活的政治性、时代性、原则性、战斗性。深入推进工会系统党风廉政建设和反腐败工作，多次召开全国工会党风廉政建设工作会议。持之以恒加强作风建设，开展执行中央八项规定精神督查，始终保持整治“四风”的良好势头。自觉接受巡视监督，从严从实抓好巡视整改，发挥纪检组织作用，开展监督执纪问责情况专项检查。严格依法依规管理、使用工会经费和资产，探索构建经审监督体系，织密制度笼子，严防黑洞漏洞。

五年来，工会港澳台工作扎实推进，连续举办海峡两岸工会论坛、海峡职工论坛，与港澳台工会及职工的交流合作不断增进。服务国家总体外交和“一带一路”建设，成功举办二十国集团劳动会议、“一带一路”沿线国家工会国际研讨会、金砖国家工会论坛、上合组织国家职工技能大赛、海上丝绸之路职工研讨营等活动，中国工会代表连续高票当选国际劳工组织工人正理事，进一步发展了同各国工会组织、国际和区域工会组织的双边和多边关系，增进了同各国工人阶级的友谊。

过去五年工会工作取得的成就，是以习近平同志为核心的党中央坚强领导的结果，是各级党委关心重视、加强领导，各级人大、政府、政协和社会各界大力关心支持的结果，是广大工会干部和职工群众共同团结奋斗的结果。我代表中华全国总工会第十六届执行委员会，并以本次大会的名义，向以习近平同志为核心的党中央致以崇高的敬意！向各级党委、人大、政府、政协，向共青团、妇联等群团组织及社会各界，向人民解放军、武警部队和公安干警，表示衷心的感谢！向全国广大职工、工会干部、工会积极分子，向工会历届老领导、老同志，向港澳台工会和职工朋友，向关心和支持中国工运事业的各国朋友，致以诚挚的问候！

在总结成绩的同时，还必须清醒地看到，面对时代发展、社会变化和职工需求带来的新情况新任务，工会工作还存在一些问题和不足，主要有：工会体制机制与劳动关系、职工队伍的新变化还不适应，还滞后于形势发展的需要；工会工作载体和手段还不够丰富，与职工需求存在一定差距，运用互联网开展工作的方式方法不够多；一些工会干部的改革意识和担当精神不够强，深入基层、服务职工的作风不够扎实，处理复杂问题的能力还有不足，做职工群众工作的本领有待增强；上级工会对基层指导服务不够到位，工会基层基础薄弱的短板需要进一步补齐，等等。对此必须高度重视，采取有力措施加以解决。

二、深入学习贯彻习近平新时代中国特色社会主义思想，坚定不移走中国特色社会主义工会发展道路

习近平新时代中国特色社会主义思想，从理论和实践结合上系统回答了新时代坚持和发展什么样的中国特色社会主义、怎样坚持和发展中国特色社会主义这个重大时代课题，是马克思主义中国化最新成果，是党和人民实践经验和集体智慧的结晶，是中国特色社会主义理论体系的重要组成部分，是全党全国各族人民为实现中华民族伟大复兴而奋斗的行动指南，为新时代工运事业和工会工作创新发展提供了根本遵循，是各级工会组织和广大工会干部的强大思想武器。

党的十八大以来，习近平总书记对党的工运事业和工会工作高度重视，深刻阐明了工会工作的地位作用、目标任务、实践要求，科学回答了工人阶级和工会工作的一系列方向性、根本性、战略性重大问题，形成了习近平总书记关于工人阶级和工会工作的重要论述。主要有：

——坚持党对工会工作的领导。强调中国共产党领导是中国特色社会主义最本质特征，是中国特色社会主义制度的最大优势，党是领导一切的。做好群众工作，保持党同人民群众的血肉联系，是全党重大而紧迫的政治任务。工会工作是党的群团工作、群众工作的重要组成部分，是党治国理政的一项经常性、基础性工作。各级党委要加强和改进对工会的领导，注重发挥工会组织

的作用，加大对工会工作的支持保障力度，为工会工作创造更加有利的条件。这是做好工会工作的政治原则和根本保证。

——坚持全心全意依靠工人阶级。强调工人阶级是我们党最坚实最可靠的阶级基础，是我国的领导阶级。坚持和发展中国特色社会主义，必须巩固工人阶级的领导阶级地位，充分发挥工人阶级的主力军作用。全心全意依靠工人阶级要贯彻到党和国家政策制定、工作推进全过程，落实到企业生产经营各方面，做到在政治上保证、制度上落实、素质上提高、权益上维护，更好地把广大职工群众紧紧团结在党和政府周围。这是党和国家始终坚持的根本方针。

——坚持为实现中华民族伟大复兴的中国梦而奋斗。强调实现中华民族伟大复兴，是中华民族近代以来最伟大的梦想，根本上要靠包括工人阶级在内的全体人民的劳动、创造、奉献。工会要牢牢抓住这个主题，把推动科学发展、实现稳中求进作为发挥作用的主战场，建设知识型、技能型、创新型劳动者大军，在改革发展稳定第一线建功立业。这是我国工人运动的时代主题。

——坚持中国特色社会主义工会发展道路。强调中国特色社会主义工会发展道路是中国特色社会主义道路的重要组成部分，深刻反映了中国工会的性质和特点，符合我国国情和历史发展趋势。要始终坚持这条道路，不断拓展这条道路，做到自觉接受党的领导、团结服务职工、依法依章程开展工作相统一，努力使这条道路越走越宽广。这是工运事业和工会工作发展的正确方向。

——坚持弘扬劳模精神、劳动精神、工匠精神。强调要树立劳动最光荣、劳动最崇高、劳动最伟大、劳动最美丽的理念，倡导辛勤劳动、诚实劳动、创造性劳动，尊敬劳动模范，用劳模的干劲、闯劲、钻劲鼓舞更多的人，激励广大劳动群众争做新时代的奋斗者，营造劳动光荣的社会风尚和精益求精的敬业风气。这是引领教育广大职工的重要抓手。

——坚持高举维护职工合法权益旗帜。强调保障职工权益是我国社会主义制度的根本要求，是党和国家的神圣职责，也是发挥广大职工群众积极性、主动性、创造性最重要最基础的工作。工会要坚决维护职工合法权益，把竭诚为职工群众服务作为一切工作的出发点和落脚点。要发挥好协调劳动关系的作用，健全劳动关系协调机制，及时正确处理劳动关系矛盾。这是工会组织的基本职责。

——坚持增强政治性、先进性、群众性的工会改革方向。强调时代在发展，事业在创新，工会工作也要发展、也要创新。加强和改进新形势下工会工作，最重要的是要保持和增强政治性、先进性、群众性。政治性是工会组织的灵魂，先进性是工会工作的重要着力点，群众性是工会组织的根本特点。在建机制、强功能、增实效上下功夫，创新组织体制、运行机制、活动方式、工作方法，让职工群众真正感受到工会是“职工之家”、工会干部是最可信赖的“娘家人”、贴心人，把工会组织建设得更加充满活力、更加坚强有力。这是推进工会工作创新发展的根本要求。

——坚持加强基层工会建设。强调必须以职工为中心、让职工当主角，眼睛向下、面向基层，力量配备、服务资源向基层倾斜，着力扩大覆盖面、增强代表性，着力强化服务意识、提高维权能力，着力加强队伍建设、提升保障水平，切实增强工会组织的凝聚力。最大限度把农民工吸收到工会组织中来，使他们成为工人阶级坚定可靠的新生力量。这是工会工作彰显活力的基础和关键。

习近平总书记关于工人阶级和工会工作的重要论述，意涵深刻、内容丰富，系统完备、科学辩证，是在我国波澜壮阔的工人运动伟大实践中产生的科学理论，具有强大的思想力量、深刻的指导作用、磅礴的实践伟力，其关键是坚持党的领导，根本是增强政治性、先进性、群众性，重点是维护职工权益、服务职工群众。这些重要论述涵盖了工会工作各领域、各方面，把我们党对工运事业和工会工作的规律性认识提升到一个新高度，是对马克思主义劳动学说和工运学说的传承和升华，是习近平新时代中国特色社会主义思想的重要组成部分，是新时代工运事业和工会工作创新发展的理论指导和行动指南。深刻领会和切实践行习近平总书记关于工人阶级和工会工作的重要论述，要求我们必须立足新时代中国特色社会主义的新方位、社会主要矛盾的新变化、共建共治共享社会治理的新格局、全面深化改革的新阶段，把握工会组织新使命、新目标、新要求，在工会各项工作中全面体现、全面落实，形成新的生动实践。

——立足新时代中国特色社会主义新方位，在实现党的十九大描绘的宏伟蓝图中贡献力量。中国特色社会主义进入新时代，这是我国发展新的历史方位。党的十九大描绘了决胜全面建成小康社会、夺取新时代中国特色社会主义伟大胜利的宏伟蓝图，作出了在2020年全面建成小康社会的基础上，分两步走在本世纪中叶建成富强民主文明和谐美丽的社会主义现代化强国的战略安排。这是工人阶级的历史重任，也是工会组织必须肩负的庄严使命。当今世界正处于大发展大变革大调整时期，全球治理体系和国际秩序变革加速推进，我国面临的改革发展稳定任务之重、矛盾风险挑战之多、治国理政考验之大前所未有。这要求工会组织发挥自身政治优势、组织优势、制度优势、群众优势、资源优势，引领职工脚踏实地艰苦奋斗、改革创新，在进行伟大斗争、建设伟大工程、推进伟大事业、实现伟大梦想中，展现新时代奋斗者的新风采。

——立足社会主要矛盾新变化，在不断满足职工群众美好生活需要中担当作为。新时代我国社会主要矛盾已经转化为人民日益增长的美好生活需要和不平衡不充分的发展之间的矛盾。适应这一新变化，不断满足职工群众的美好生活需要，成为新时代工会的奋斗目标。当前我国职工队伍规模不断壮大、结构深刻变化、素质逐步提升、权益得到实现，同时在收入分配、利益诉求、价值取向、思想观念等方面呈现日益多样化、差异化的新特征。这要求工会组织坚持以职工为中心的工作导向，深化对职工队伍发展变化特点与规律的认识，研究解决职工在劳动经济、精神文化、民主法治、公平公正、安全环境等方面多样化的需求，协调不同职工群体之间的利益关系，更好促进职工体面劳动、舒心工作、全面发展。

——立足共建共治共享社会治理新格局，在推动构建中国特色和谐劳动关系中履职尽责。劳动关系是否和谐，事关经济发展与社会和谐，事关广大职工和企业的切身利益，是加强和创新社会治理的重要内容。随着新一轮科技革命和产业变革不断深入，数字经济、共享经济等新业态蓬勃兴起，企业组织形式、管理模式、生产经营方式及用工方式等发生深刻变化，劳动关系的确立与运行、职工权益的维护和保障面临许多新情况新问题，要求工会组织把推动构建中国特色和谐劳动关系作为工作主线，及时研判劳动关系的新动向、新特征和新问题，积极化解劳动关系矛盾，组织动员职工积极参与社会治理，最大限度增加和谐因素、最大限度减少不和谐因素，构建企业与职工命运共同体，维护职工队伍团结统一与社会和谐稳定，在完善社会治理体制与提高社会治理水平中发挥工会的优势和作用。

——立足全面深化改革新阶段，在构建联系广泛、服务职工的工会工作体系中开拓创新。党的十九大在新的历史起点上对全面深化改革作出战略谋划，党的十九届三中全会对深化党和国家机构改革作出重大部署。改革进入新阶段，将进一步触及深层次利益格局调整和制度体系变革，复杂性、敏感性、艰巨性更加突出。落实改革新任务，要求工会必须以坚定的政治性引导职工，以鲜明的先进性组织职工，以广泛的群众性凝聚职工，组织动员广大职工成为全面深化改革的支持者、参与者、推动者，以更大力度、更实举措推进工会改革创新，增强工会团结教育、维护权益、服务职工功能。

三、今后五年工会工作的主要任务

今后五年工会工作的主要任务是：全面贯彻党的十九大精神，以习近平新时代中国特色社会主义思想为指导，深入学习贯彻习近平总书记关于工人阶级和工会工作的重要论述，坚持走中国特色社会主义工会发展道路，坚定政治方向，凝聚奋进力量；着力推进产业工人队伍建设改革，充分激发职工劳动热情和创造活力；着力做好工会维权服务工作，切实提升职工群众获得感、幸福感、安全感；着力深化工会改革创新，全面增强政治性、先进性、群众性；着力提高工会系统党的建设质量，把工会组织建设得更加充满活力、更加坚强有力。

（一）始终坚持正确政治方向，推动习近平新时代中国特色社会主义思想在工会系统形成生动实践。

坚持正确政治方向，就是要坚持中国共产党领导和我国社会主义制度。各级工会要自觉成为在职工群众中、在基层凝聚人心、坚守前哨、冲锋陷阵的战斗队、工作队，通过扎实有效的工作和活动，把坚持中国共产党领导和我国社会主义制度落实到广大职工群众中去。

把学习宣传贯彻习近平新时代中国特色社会主义思想作为工会组织的重大政治任务，与学习贯彻习近平总书记关于工人阶级和工会工作的重要论述结合起来，健全学习制度、创新学习方式、深化学习效果，组织广大工会干部深刻学习领会其时代背景、科学体系、精神实质、实践要求和重大意义，推动当代中国马克思主义、21 世纪马克思主义深入人心、落地生根，增强政治意识、大局意识、核心意识、看齐意识，坚定对中国特色社会主义的道路自信、理论自信、制度自信、文化自信，坚决维护习近平总书记党中央的核心、全党的核心地位，坚决维护党中央权威和集中统一领导，在政治立场、政治方向、政治原则、政治道路上始终同以习近平同志为核心的党中央保持高度一致，坚定不移听党话、跟党走。

在广大职工中深入进行有特色、接地气的宣讲，发挥工会宣传教育阵地作用，把“大学习”课堂搬到工厂车间、生产一线，引导广大职工始终拥护核心、坚决拥戴领袖，更加紧密地团结在以习近平同志为核心的党中央周围，自觉捍卫中国共产党领导和我国社会主义制度，夯实党执政的阶级基础和群众基础。深化对习近平总书记关于工人阶级和工会工作的重要论述的研究阐释和实践运用，探索和把握新时代工运事业和工会工作特点与规律，推进工会理论创新、实践创新、制度创新，不断丰富和拓展中国特色社会主义工会发展道路，使之在实践中展现出更强大、更有说服力的真理力量。

（二）牢牢把握我国工人运动时代主题，团结动员广大职工以主人翁姿态建功新时代。

我国工人运动的时代主题，是为实现中华民族伟大复兴的中国梦而奋斗。把握这一主题，为实现党的十九大提出的目标任务奋力拼搏，是工人阶级发挥主力军作用、展现主人翁风采的重要体现，是工会组织围绕中心服务大局、体现价值彰显作为的重要途径。

把统一思想、凝聚力量作为工会思想政治工作的重要任务。坚持以社会主义核心价值观引领职工，深化“中国梦·劳动美”主题宣传教育，大力弘扬伟大民族精神和中华优秀传统文化，加强以职业道德为重点的“四德”建设，培育担当民族复兴大任的时代新人。加强宪法学习宣传教育，弘扬宪法精神，维护宪法法律权威。创新思想政治工作方式方法，充分运用职工喜欢和熟悉的时尚元素、话语体系，加快工会传统媒体与新媒体融合发展，提高思想引领水平，掌握工会意识形态工作主导权。加强职工文化建设，深化群众性精神文明创建活动，发挥工会报刊、出版社、职工书屋、职工文艺舞台等文化阵地作用，多提供思想精深、制作精良的文化产品，形成健康文明、昂扬向上的职工文化。

围绕高质量发展深化劳动和技能竞赛。把握稳中求进工作总基调，树立新发展理念，引导职工以国家重大战略、重大工程、重大项目、重点产业等为主攻方向，以“当好主人翁、建功新时代”为主题，广泛深入持久开展多种形式的劳动和技能竞赛。完善以企业岗位练兵和技术比武为基础、以国家和行业竞赛为主体、国内竞赛与国际竞赛相衔接的劳动和技能竞赛体系，丰富竞赛的领域、内涵、方式、机制，突出竞赛的时代特征、区域特色、行业特性和单位特点，积极探索在新产业新业态新组织中开展竞赛，提升职工参与率和受益度。深化创建“工人先锋号”活动，推进班组建设。深入开展技术革新、技术协作、发明创造、合理化建议、网上练兵和“小发明、小创造、小革新、小设计、小建议”等群众性经济技术创新活动，建设全国职工技术创新优秀成果网上展馆，开展职工创新成果评选、展示、交流活动。组织职工积极参与深化供给侧结构性改革，投身三大攻坚战，践行绿色生产生活方式，促进传统产业转型升级和先进制造业加快发展，为建设现代化经济体系、实现高质量发展、建设美丽中国贡献智慧和力量。

扎实推进产业工人队伍建设改革。围绕实施“中国制造2025”，总结推广一批经验做法，推动完善产业工人技能形成体系，改进技能评价方式，畅通产业工人发展通道。推动实施符合技术工人特点的分配制度和长效激励机制，促进多劳者多得、技高者多得，加快职工科技创新成果转化，提升产业工人的政治待遇、经济待遇、社会待遇。大规模开展职业技能培训，提升培训的针对性有效性。组织产业工人参与实施走出去战略和“一带一路”建设。积极履行工会牵头职责，加强统筹协调、分类指导、督促检查，压紧压实改革责任，推进政策衔接和落地。

营造劳动光荣的社会风尚和精益求精的敬业风气。加强劳模和工匠人才创新工作室创建，深化新时代工匠学院建设。创新劳模培养选树和管理服务工作，推动落实劳模政策，加强劳模教育培训，为劳模成长搭建平台、创造条件，做到政治上信任、工作上支持、生活上关心。持续开展学习宣传先进模范和大国工匠系列活动，广泛宣传劳模和大国工匠先进事迹，厚植工匠文化，大力弘扬劳模精神、劳动精神、工匠精神，让诚实劳动、勤勉工作蔚然成风。

（三）切实维护职工合法权益，推动构建和谐劳动关系。

维护职工合法权益是工会的天职。工会要赢得职工群众信赖和支持，必须高举维护职工合法权益的旗帜，扎扎实实解决好职工群众最困难最忧虑最急迫的实际问题，使改革发展成果更多更公平惠及职工群众。

维护职工劳动经济权益。加强源头参与，代表职工主动参与涉及职工利益的法律法规政策的制定修改。推动落实就业优先战略和更加积极的就业政策，深化工会就业创业服务，促进创业带动就业，推动实现更高质量和更充分就业。做好供给侧结构性改革中职工转岗安置等工作，帮助就业困难人员尽快实现稳定就业。督促落实劳动合同制度，推动劳动用工规范管理。以提质增效为重点深化集体协商工作，参与制定行业劳动定额，推动完善企业工资决定、正常增长和支付保障机制，推动健全工资指导线、企业薪酬调查和信息发布等制度，促进职工工资随经济效益和劳动生产率同步增长提高。推动落实职工带薪年休假等制度，建立健全工时协商机制。促进构建多层次社会保障体系，扩大覆盖面，提高保障水平，推动解决职工漏保、断保问题，加强职工医疗互助。健全完善工会农民工维权服务体系，推动落实农民工欠薪报告制度，推动解决拖欠农民工劳动报酬和社保转移接续等问题，逐步实现平等享受城镇基本公共服务。完善工会劳动保护监督机制，深化“安康杯”竞赛活动，深入开展安全生产、职业病防治工作。切实保护女职工合法权益和特殊利益。推动建立适应新业态的用工和社保制度，建立健全互联网平台用工等新就业形态劳动标准体系。

推动完善协调劳动关系制度机制。健全政府和工会联席会议制度，做实省、市、县三级地方及产业的协调劳动关系三方机制，并向乡镇（街道）、经济开发区、高新技术园区延伸。健全以职工代表大会为基本形式的企事业单位民主管理制度体系，进一步向非公有制企业拓展。深化“公开解难题、民主促发展”主题活动，推进厂务公开制度化、规范化，完善职工董事、职工监事制度，推进职工代表素质提升工程，提高企事业单位民主管理工作覆盖面和实效性。推动企事业单位构建内部利益矛盾自主调处机制，把职代会、集体协商、职工董事监事制度等融入企业法人治理结构。深化和谐劳动关系创建活动，充分发挥全国模范劳动关系和谐企业与工业园区的示范作用。深入开展“尊法守法·携手筑梦”服务农民工法治宣传和公益法律服务行动，引导职工依法理性有序表达诉求。推动完善劳动保障监察执法与工会监督联动工作格局，完善工会劳动法律监督“两书”制度，督促企业履行社会责任，引导职工增强守法诚信意识，推动国家诚信体系建设。

参与加强和创新社会治理。推动社会治理制度建设，发挥工会组织的协同作用。加强对劳动关系领域社会组织的政治引领、示范带动和联系服务，通过项目合作、购买服务等社会化、市场化方式，引导社会组织为职工提供专业化服务。加强劳动关系矛盾预防和化解机制建设，总结推广源头治理劳动纠纷经验，建立健全工会、法院、人社、司法联动机制，健全工会劳动关系发展态势监测和分析研判制度，推动建立在线解决机制。积极推动劳动争议处理工作，通过协商、调解、仲裁诉讼等方式依法调处劳动关系矛盾。增强政治敏锐性和政治鉴别力，加强劳动关系领域风险排查化解、应急处置，坚决防止敌对势力煽动渗透破坏，坚决维护职工队伍和工会组织的团结统一，坚决维护企业和社会大局和谐稳定。

（四）提高服务工作质量，更好满足职工群众美好生活需要。

竭诚服务职工群众是工会一切工作的出发点和落脚点。各级工会要坚持职工利益无小事的理念，顺应职工对美好生活的新期待，把工作重心放在广大职工身上，从大处着眼、小处着手，满腔热情做好服务职工工作。

健全服务职工体系。坚持职工需求导向，构建以精准帮扶为重点的工会服务职工体系，提升困难职工帮扶中心（职工服务中心）综合服务职工功能，做实各类职工维权帮扶、保障服务项目。推进“会、站、家”一体化建设，进一步做好工会户外劳动者服务站点建设工作，推行工会服务职工工作项目清单制度，推进“互联网＋”工会普惠性服务。深化工会财务改革，构建工会经费普惠职工的保障机制。做优做强工会资产，进一步增强公益性、服务性，更好发挥工人疗休养院、工人文化宫、职工互助保障组织等服务职工的作用。

拓宽服务职工领域。鼓励支持向社会购买服务，确保规范操作、稳妥推进。推动完善职工福利制度，做好职工生活保障服务。加强工会志愿者队伍建设，广泛开展职工志愿服务活动。注重对职工的人文关怀和心理疏导，组织开展职工喜闻乐见的群众性文体活动，在做好物质服务、生活服务的同时提供更高水平的精神和文化服务，让工会在职工需要时能够看得见、找得到、信得过、靠得住，使所有工会组织都成为名副其实的“职工之家”，所有工会干部都成为职工群众信赖的“娘家人”、贴心人。

加强困难职工帮扶和脱贫攻坚工作。分类做好城市困难职工解困脱困工作，推进困难职工帮扶与政府救助、公益慈善力量有机结合，推动建立低保与扶贫有序衔接机制，实现帮扶送温暖常态化、经常化、日常化。把提高解困脱困工作质量放在首位，坚持扶贫同扶志、扶智相结合，让困难职工同步迈入全面小康社会。在打赢脱贫攻坚战中充分发挥工会作用，把工会工作资源手段向贫困地区特别是深度贫困地区倾斜，推进工会系统东西部扶贫协作工作，加强工会对口援疆援藏工作。

（五）深化工会改革创新，不断增强工会工作的动力活力。

改革创新是时代发展的最强音，也是工运事业蓬勃发展的不竭动力。各级工会要聚焦增强政治性、先进性、群众性，进一步优化工会的组织体制、运行机制、管理模式和工作方式，将工会改革进行到底。

上下联动、整体推进工会改革。着眼增强改革的系统性、整体性、协同性，搞好顶层设计，加强与中央和地方机构改革衔接协调，强化优化职能，聚焦主责主业，破解制约工会工作创新发展的制度性障碍，形成联系广泛、服务职工的工会工作体系。适应深化党和国家机构改革新情况，对产业工会设置进行相应调整，根据地方产业发展实际建立健全产业工会组织体系，推进工会事业单位体制机制改革。加强分类指导，把重点放在为下级工会提供更多更好的指导服务上，及时总结推广改革成功经验，推动工会改革顶层设计和基层探索良性互动、有机结合。注重用制度巩固改革成果，把经过实践证明有效的做法上升为制度机制。健全改革督查机制，强化跟踪问效，采取职工满意度测评、第三方评价等方式，完善改革效果评价机制，切实提高职工群众对工会改革的获得感、认可度。

积极建设智慧工会。强化互联网思维，运用大数据、云计算、物联网、人工智能等手段推进工会工作，促进互联网和工会工作融合发展，构建网上工作平台，打造工会工作升级版。推进实施《全国工会网上工作纲要（2017—2020 年)》，建设实名动态、全面覆盖、安全共享的工会大数据库，加强互联网内容和舆论阵地建设，充分利用移动客户端、微博、微信，结合“12351”职工服务热线，建立健全工会新媒体矩阵。强化“互联网 +”工会顶层设计，加强通用平台建设，推进上下级工会组织间互联互通，逐步形成全总主导、地方跟进、产业参与、协同互动、线上线下有机结合的工会网上工作体系。

不断夯实基层基础。树立大抓基层的鲜明导向，坚持落实到基层、落实靠基层理念，把工作力量、经费使用等进一步向基层倾斜，实现依法建会、开门办会、从严治会、人才兴会。健全乡镇（街道）—村（社区）—企业小三级工会组织体系，做到哪里有职工群众、哪里就要有工会组织，哪里需要做群众工作、工会工作就跟进到哪里。加强县级和中心城市行业工会建设，推进新经济组织、新社会组织、开发区（工业园区）工会建设，加强工会女职工组织建设，提高建会质量。加强走出去企业、“一带一路”建设中海外企业工会工作。强化职工在建会中的主体地位，探索职工网上申请入会等方式，推动工会组织向新兴领域新兴群体延伸。推进基层工会组织和工会会员实名制管理，逐步实现工会组织和工作覆盖精准化。规范集团公司工会组织领导关系和管理体制，坚决制止、纠正随意撤并工会组织和机构、弱化工会地位和作用的行为。

（六）推进工会系统党的建设，为做好新时代工会工作提供坚强保证。

打铁必须自身硬。工会要履行好职责使命，必须首先把自身建设好。要认真贯彻新时代党的建设总要求，以党的政治建设为统领，带动工会自身建设全面推进。

从严从实加强工会系统党的建设。各级工会党组织要认真履行管党治党政治责任，全面加强工会系统党的政治建设、思想建设、组织建设、作风建设、纪律建设，把制度建设贯穿其中，提高工会系统党的建设质量。坚持党建带工建，以提升组织力为重点，突出政治功能，强化工会基层党组织建设。按照党中央统一部署，认真开展“不忘初心、牢记使命”主题教育。扎实推进工会系统党风廉政建设和反腐败工作，以政治巡视为重点，全面深入开展巡视工作，综合运用监督执纪“四种形态”，完善监督机制，聚焦问责追究，巩固落实中央八项规定精神成果。加大工会经费、资产监督管理力度，构建国家审计、工会经审、社会审计、职工会员监督相结合的经审监督体系。

深化工会干部队伍建设。贯彻落实《关于进一步激励广大干部新时代新担当新作为的意见》，完善工会干部培养、交流和使用制度，注重在基层一线和职工群众中培养工会干部，优化干部成长路径，打造专职为主、兼职挂职相结合的干部队伍。建立健全工会干部思想教育、激励保障和考核评价机制，关心爱护基层工会干部。加强工会积极分子队伍建设，扩大社会化工会工作者队伍，推动纳入国家社会工作专业人才队伍体系。建立工会干部系统化培训机制，以基层工会干部为重点大规模开展学习培训，深化“送教到基层”活动，提高培训质量，增强群众工作本领，培养一大批劳动经济、劳动法律、劳动关系、信息技术等方面专门人才，打造一支高素质专业化的工会干部队伍。

驰而不息抓好工会作风建设。大兴调查研究之风，把群众路线作为工会工作的生命线和根本工作路线，深入细致开展调查研究，扑下身子、沉到一线，深入企业、走进职工，力戒“四风”。健全完善基层联系点、与职工结对子同劳动、代表联络、提案办理、工作评价评议等常态化联系职工群众制度，面对面、心贴心、实打实做好职工群众工作。

加强工会港澳台工作和外事工作。充分发挥工会群众性特点，深化同港澳台工会和职工的交流合作，促进港澳长期繁荣稳定和祖国和平统一。高举“和平、发展、合作、工人权益”的旗帜，围绕国家总体外交战略和“一带一路”建设，加强工会和职工对外交流交往，讲好中国故事、中国工人阶级故事、中国工会故事，巩固和扩大我国工会在国际工运领域的话语权、影响力，为推动构建人类命运共同体作贡献。

各位代表、同志们，社会主义是干出来的，新时代也是干出来的。新时代赋予工人阶级新使命，新征程呼唤工会组织新作为。让我们更加紧密地团结在以习近平同志为核心的党中央周围，以习近平新时代中国特色社会主义思想为指导，坚定不移走中国特色社会主义工会发展道路，团结动员亿万职工凝心聚力、开拓进取，为决胜全面建成小康社会、夺取新时代中国特色社会主义伟大胜利、实现中华民族伟大复兴的中国梦而不懈奋斗！

名 词 解 释

职工书屋：是工会面向全国职工开展的一项重要文化工程，是《中华人民共和国公共文化服务保障法》规定的重要公共文化设施服务场所。职工书屋主要建在一线职工包括农民工生产生活相对集中的基层企事业单位、城市社区、工业园区和重点建设项目工地，为广大职工提供方便实用的读书场所和学习条件，满足职工群众的精神文化需求。自2008年以来，全国已建成职工书屋10万余家，并建成开通电子职工书屋阅读系统，成为工会工作的一项重要品牌。

“当好主人翁、建功新时代”主题劳动和技能竞赛：劳动和技能竞赛是工会组织开展的旨在激发职工主人翁精神、调动职工积极性、团结动员职工投身国家经济建设的一系列活动。根据竞赛内容不同，劳动和技能竞赛可划分为生产型竞赛、智能型竞赛、技能型竞赛三类。根据不同历史时期党和国家发展目标和工人阶级承担的历史使命，全国总工会组织开展了系列主题竞赛。2017年全总十六届七次执委会作出决议，号召广大职工以“当好主人翁、建功新时代”为主题，广泛深入持久开展各种形式的劳动和技能竞赛，作为激发新时代工人阶级的精气神、彰显新时代主人翁新作为的重要载体，赋予了劳动和技能竞赛新的时代内涵。

产业工人技能形成体系：是指建立和完善包括技能投

资制度、技能供应制度、技能评价和资格认证制度、技能使用制度、社会合作制度等在内的保障产业工人技能形成的制度体系。2017 年 4 月，中共中央、国务院印发的《新时期产业工人队伍建设改革方案》提出构建产业工人技能形成体系，旨在有效干预技能形成过程，形成有利于提高产业工人队伍技能水平的体制环境，为实施制造强国战略提供强大的技能支撑和人才保障。

“四个一批”：是指针对不同致困原因的城市困难职工群体采取不同的解困脱困措施开展分类帮扶。针对有劳动能力的困难职工，通过加强技能培训、提供创业援助等方式，以就业创业解困脱困一批；针对因企业欠缴社会保险费或没有落实相关社保待遇的困难职工，将其纳入国家社会保险制度覆盖一批；针对因病致困的职工，推动将其纳入大病保险和医疗互助保险保障一批；针对符合低保条件的困难职工，通过社会救助兜底一批。

马克思主义劳动学说：是指马克思主义关于劳动在人类的生产、人和人类社会的形成和发展中地位和作用的学说。“劳动创造了人本身”，这是马克思主义劳动学说的一条基本论断。

数字经济：是指一个经济系统，在这个系统中，数字技术被广泛使用并由此带来了整个经济环境和经济活动的根本变化。数字经济的本质在于信息化，包括信息技术的产业化、传统产业的信息化、基础设施的信息化、生活方式的信息化等内容。

共享经济：也被称作“分享经济”，是指利用网络信息技术，通过互联网平台，将分散资源进行优化配置，提高利用效率的新型经济形态。其主要特点是，以信息技术为基础的市场平台，所有权与使用权相对分离，供给侧与需求侧弹性匹配、动态实时对接。

“四德”建设：是指社会公德、职业道德、家庭美德、个人品德建设。

群众性经济技术创新活动：又称“职工技术创新活动”，是指工会组织职工群众开展的劳动和技能竞赛、合理化建议、技术革新、技术协作、发明创造等活动，旨在促进企业技术创新、服务改进、提质降耗、节能减排和加强管理，提高经济效益和工作效率。

劳模和工匠人才创新工作室：是指由具有较强技术能力、业务能力、创新能力、管理能力的劳模和工匠人才领衔，以技术创新、管理创新、服务创新、制度创新为主要内容，以解决工作现场难题、推动所在单位创新发展为目标的群众性创新活动团体。

新就业形态：是指伴随着互联网技术广泛应用、新业态蓬勃发展而出现的平台化、去雇主化的就业模式。2015年10月29日党的十八届五中全会公报中首次提出了新就业形态这个概念。

工会劳动法律监督“两书”制度：是指工会劳动法律监督意见书和建议书制度。工会发现用人单位存在违反劳动法律法规规章、侵害职工合法权益行为时，应当依法督促其及时改正，必要时向其发出《工会劳动法律监督意见书》。用人单位未按工会意见改正违法行为的，工会可向同级劳动行政等相关部门发出《工会劳动法律监督建议书》，建议依法查处。

“会、站、家”一体化建设：是指以加强基层工会组织建设和制度建设为基础，把组建工会、建立职工服务中心（站点）、建设职工之家三位一体统一起来，依法规范工会基层组织建设，激发基层工会活力。

智慧工会：是指工会组织通过运用互联网、大数据、云计算、人工智能等先进信息技术构建的工会智能化服务职工体系，突出工会干部的主观能动性和工会工作的精神文化层面，为职工群众提供普惠性、便捷性、精准性、常态化服务，形成线上线下相互融合的工会工作新格局。

新经济组织、新社会组织：简称“两新”组织。新经济组织是指私营企业、外商投资企业、港澳台商投资企业、股份合作企业、民营科技企业、个体工商户、混合所有制经济组织等各类非国有集体独资的经济组织。新社会组织是指社会团体和民办非企业单位的统称。

新兴领域、新兴群体：新兴领域是指与新产业新业态新商业模式等相关的若干领域。新兴群体主要指利用互联网平台等就业的网约车司机、网约送餐员等群体。

社会化工会工作者：主要是指由县级以上地方总工会从社会公开招聘、工资由工会承担发放，定向选派到乡镇（街道）工会、县以下区域（行业性）基层工会联合会等，专职从事工会工作的人员。

关于中华全国总工会第十六届执行委员会报告起草情况的说明

（2018年10月22日）

李玉赋

各位代表，同志们：

我受中华全国总工会第十六届执行委员会的委托，向大会作关于中华全国总工会第十六届执行委员会报告（以下简称工会十七大报告）起草情况的说明。

一、关于报告起草的过程

中国工会第十七次全国代表大会，是深入贯彻落实党的十九大精神、推动新时代工会工作开创新局面的一次重要会议，是全国亿万职工群众和广大工会干部政治生活中的一件大事。作为工会十七大筹备工作的重点任务，起草出一个凝聚各级工会智慧、顺应干部职工期待的高质量报告，是大会胜利召开的重要环节。

党中央高度重视工会十七大报告起草工作。中共中央政治局常委、中央书记处书记王沪宁同志作出重要指示，对如何筹备好工会十七大特别是起草好工会十七大报告提出明确要求。9月7日，王沪宁同志主持召开中央书记处办公会议，专门听取全总党组关于工会十七大筹备工作情况的汇报，对工会十七大报告予以充分肯定，并提出修改意见。王东明同志多次指示，要在党中央领导下，精心做好各项筹备工作，重点起草好大会报告，修改好《中国工会章程》，做好代表选举工作。全总党组、书记处把起草好工会十七大报告作为重要政治任务来抓，组织力量开展起草工作。

（一）加强组织领导。成立了由全总领导同志任组长，办公厅、研究室相关人员组成的报告起草小组，根据《中国工会第十七次全国代表大会筹备工作方案》，制定起草工作方案，有序推进起草工作。

（二）强化理论学习。认真学习领会习近平新时代中国特色社会主义思想和党的十九大精神，学习习近平总书记关于工人阶级和工会工作的重要论述特别是给中国劳动关系学院劳模本科班学员的回信精神，统一思想认识，提高政治站位，努力奠定理论基础。

（三）开展调研论证。3 月，先后召开了由各全国产业工会，中直工会、国直工会，全总机关各部门、各直属单位负责同志参加的 3 个座谈会，及全国工会研究室主任会议，分赴 10 个省（市）开展实地调研，围绕如何起草好报告广泛征求意见。2 月至 6 月，全总工会理论研究会（中国特色社会主义工会发展道路研究会）围绕筹备召开工会十七大，设置 5 项专项委托课题进行招标研究。4 月至 6 月，在全总机关离退休老同志中开展“建言中国工会十七大”主题征文活动。在充分吸纳各方意见基础上，形成了工会十七大报告初稿。

（四）广泛征求意见。4 月中旬至 7 月底，王东明同志带头，全总领导等分别带队赴12个省（区、市）开展调研，征求各级工会干部和职工群众对报告的意见建议。在京召开4个座谈会和1个研讨会，征求地方工会、产业工会、全总机关各单位及部分全总老领导的意见建议。6月22日，全总党组、书记处会议研究讨论了报告。6月27日，王东明同志在全总集中调研督查情况汇报会上对修改报告进一步提出要求。8月上旬，书面征求了中央纪委国家监委机关、中央组织部、中央宣传部、中央政策研究室等13个中央和国家机关部委的意见。

8月20日，全总党组将报告上报中央办公厅。根据9月7日中央书记处办公会议精神，对报告进行了修改。9月17日，全总党组、书记处会议研究修改了报告。9月19日—20日，全总十六届十八次主席团会议和十六届九次执委会议对报告进行了讨论修改，原则通过了报告（审议稿），决定提交工会十七大审议。会后报王沪宁同志审阅。根据王沪宁同志的意见，对工会十七大报告再次进行修改后，上报中共中央审定，形成提交本次大会的报告。

二、关于起草报告的基本考虑

在工会十七大报告起草中，着重把握4个方面的要求。

（一）坚持政治方向。以习近平新时代中国特色社会主义思想和党的十九大精神为指导，贯彻落实全心全意依靠工人阶级方针，突出保持和增强工会工作和工会组织的政治性、先进性、群众性这一主线，努力使报告体现中央精神，符合政治报告的要求。

（二）突出问题导向。围绕党和国家工作大局及工会工作全局，聚焦职工群众最关心最直接最现实的利益问题，力求针对时代课题，回应职工群众期待，解决工会工作难题。

（三）体现改革取向。贯彻落实中央关于深化党和国家机构改革的重要部署，结合工会实际，突出工会改革与中央和地方党政机构改革衔接协调，突出工人阶级支持、参与、推动改革的积极性主动性创造性，努力使报告贯穿改革精神，体现前瞻性、探索性。

（四）汇集各方智慧。坚持群众路线，发扬民主、集思广益，广泛开展实地调研、组织研讨论证，充分凝聚各级工会干部、职工群众、有关部委和专家学者的智慧，努力使报告形成过程变成统一思想、凝聚共识的过程，体现代表性、广泛性和民主性。

三、关于报告主要框架和内容

报告由回顾总结、理论阐述、主要任务等三部分组成，按照成绩总结求实、理论概括求高、工作部署求新的要求来把握。全文1.5万字左右。

（一）报告第一部分回顾过去五年工会工作取得的重要成就。从6个方面阐述工会十六大以来五年工运事业与工会工作的进展成效，即切实加强对职工的思想政治引领，党执政的阶级基础和群众基础更加巩固；大力弘扬劳模精神、劳动精神、工匠精神，工人阶级在实现中国梦中的主力军作用充分发挥；扎实推进产业工人队伍建设改革，工人阶级先进性不断增强；深入开展维权服务工作，职工群众获得感、幸福感、安全感明显提升；持续深化工会改革创新，工会组织吸引力凝聚力战斗力显著增强；全面加强工会系统党的建设，风清气正的政治生态进一步形成等。同时分析了工会工作存在的问题和不足。

（二）报告第二部分提出要深入学习贯彻习近平新时代中国特色社会主义思想，坚定不移走中国特色社会主义工会发展道路。报告指出，习近平新时代中国特色社会主义思想，是全党全国各族人民为实现中华民族伟大复兴而奋斗的行动指南，为新时代工运事业和工会工作创新发展提供了根本遵循。习近平总书记围绕工人阶级和工会工作发表的重要讲话、作出的重要指示，形成了习近平总书记关于工人阶级和工会工作的重要论述，为新时代工人阶级和工会工作指明了前进方向。报告用“八个坚持”概括了习近平总书记关于工人阶级和工会工作的重要论述的精神实质，提出其关键是坚持党的领导，根本是增强政治性、先进性、群众性，重点是维护职工权益、服务职工群众，以“四个立足”分析了习近平总书记关于工人阶级和工会工作的重要论述的实践要求。

（三）报告第三部分提出今后五年工会工作的主要任务。今后五年工会工作的主要任务是：全面贯彻党的十九大精神，以习近平新时代中国特色社会主义思想为指导，深入学习贯彻习近平总书记关于工人阶级和工会工作的重要论述，坚持走中国特色社会主义工会发展道路，坚定政治方向，凝聚奋进力量；着力推进产业工人队伍建设改革取得新进展，充分激发职工劳动热情和创造活力；着力提高工会维权服务工作质量，切实提升职工群众获得感、幸福感、安全感；着力深化工会改革创新，全面增强政治性、先进性、群众性；着力提高工会系统党的建设质量，把工会组织建设得更加充满活力、更加坚强有力。围绕这些主要任务，提出了6个方面工作，即始终坚持正确政治方向，推动习近平新时代中国特色社会主义思想在工会系统形成生动实践；牢牢把握我国工人运动时代主题，团结动员广大职工以主人翁姿态建功新时代；推动构建和谐劳动关系，切实维护职工合法权益；提高服务工作质量，更好满足职工群众美好生活需要；深化工会改革创新，不断增强工会工作的动力活力；推进工会系统党的建设，为做好新时代工会工作提供坚强保证等。

中国工会第十七次全国代表大会关于中华全国总工会第十六届执行委员会报告的决议

（2018年10月26日　中国工会第十七次全国代表大会通过）

中国工会第十七次全国代表大会审议并批准王东明同志代表中华全国总工会第十六届执行委员会所作的《以习近平新时代中国特色社会主义思想为指导　团结动员亿万职工为决胜全面建成小康社会　夺取新时代中国特色社会主义伟大胜利而奋斗》的报告。

大会认为，报告确定的主题阐明了新时代工会工作的指导思想、发展道路、使命担当和奋斗目标，适应新的形势发展，符合党的要求和职工的期望。报告全面贯彻党的十九大精神，以习近平新时代中国特色社会主义思想为指导，阐述了习近平总书记关于工人阶级和工会工作的重要论述的丰富内涵和实践要求，总结了过去五年工会工作取得的重要成就，提出了今后五年工会工作的主要任务，是指导新时代工会工作的重要文献。

大会高度评价党的十八大以来，在以习近平同志为核心的党中央坚强领导下，全国亿万职工为推进中国特色社会主义伟大事业作出的重要贡献。大会充分肯定了全国总工会第十六届执行委员会的工作，指出中国工会十六大以来，各级工会坚持以习近平新时代中国特色社会主义思想为指导，坚持走中国特色社会主义工会发展道路，牢牢把握为实现中华民族伟大复兴的中国梦而奋斗的工人运动时代主题，忠诚履职、积极作为，锐意改革、勇于创新，各项工作取得了显著成效，在党和国家工作大局中发挥了重要作用。大会强调，这些成就的取得，最根本就在于以习近平同志为核心的党中央坚强领导，在于习近平新时代中国特色社会主义思想的科学指引。

大会认为，习近平新时代中国特色社会主义思想，是全党全国各族人民为实现中华民族伟大复兴而奋斗的行动指南，是各级工会组织和广大工会干部的强大思想武器。大会指出，习近平总书记对党的工运事业和工会工作高度重视，围绕工人阶级和工会工作多次发表重要讲话、作出重要指示，深刻阐明了工会工作的地位作用、目标任务、实践要求，科学回答了工人阶级和工会工作的一系列方向性、根本性、战略性重大问题，形成了习近平总书记关于工人阶级和工会工作的重要论述。这些重要论述，是习近平新时代中国特色社会主义思想的重要组成部分，为新时代工运事业和工会工作创新发展指明了前进方向，必须长期坚持、全面贯彻。各级工会组织要立足新时代中国特色社会主义新方位、社会主要矛盾新变化、共建共治共享社会治理新格局、全面深化改革新阶段，把握工会组织新使命、新目标、新要求，努力开创新时代工会工作新局面。

大会同意报告提出的今后五年工会工作的主要任务。大会强调，要全面贯彻党的十九大精神，以习近平新时代中国特色社会主义思想为指导，深入学习贯彻习近平总书记关于工人阶级和工会工作的重要论述，引导广大职工和工会干部坚决维护习近平总书记党中央的核心、全党的核心地位，坚决维护党中央权威和集中统一领导，在思想上政治上行动上始终同以习近平同志为核心的党中央保持高度一致，始终坚持工会工作正确政治方向，切实承担起团结引导职工群众听党话、跟党走的政治责任。要牢牢把握我国工人运动时代主题，充分激发职工劳动热情和创造活力，团结动员广大职工以主人翁姿态建功新时代。要高举维护职工合法权益的旗帜，满腔热情做好服务职工工作，提高工会维权服务工作质量，切实提升职工群众获得感、幸福感、安全感。要牢牢把握工会改革部署要求，聚焦增强政治性、先进性、群众性，深化工会改革创新，增强工会工作的动力活力。要认真贯彻新时代党的建设总要求，以党的政治建设为统领，加强工会系统党的建设，为做好新时代工会工作提供坚强保证。

大会号召，各级工会组织和广大工会干部要更加紧密地团结在以习近平同志为核心的党中央周围，以习近平新时代中国特色社会主义思想为指导，坚定不移走中国特色社会主义工会发展道路，团结动员亿万职工凝心聚力、开拓进取，为决胜全面建成小康社会、夺取新时代中国特色社会主义伟大胜利、实现中华民族伟大复兴的中国梦而不懈奋斗！

以习近平新时代中国特色社会主义思想统领工会工作

龚惠文

以习近平新时代中国特色社会主义思想统领工会工作，是贯穿中国工会十七大报告的一条红线。习近平新时代中国特色社会主义思想，从理论和实践结合上系统回答了新时代坚持和发展什么样的中国特色社会主义、怎样坚持和发展中国特色社会主义这个重大时代课题，是党和人民实践经验和集体智慧的结晶，是中国特色社会主义理论体系的重要组成部分，是全党全国各族人民为实现中华民族伟大复兴而奋斗的行动指南，也是新时代工运事业和工会工作的根本遵循，是各级工会组织和广大工会干部的强大思想武器。

一、习近平新时代中国特色社会主义思想的丰富内涵和历史贡献

党的十八大以来，以习近平同志为核心的党中央坚持以马克思列宁主义、毛泽东思想、邓小平理论、“三个代表”重要思想、科学发展观为指导，坚持解放思想、实事求是、与时俱进、求真务实，坚持辩证唯物主义和历史唯物主义，紧密结合新的时代条件和实践要求，以全新的视野深化对共产党执政规律、社会主义建设规律、人类社会发展规律的认识，进行艰辛理论探索，取得重大理论创新成果，创立了习近平新时代中国特色

社会主义思想。

坚持和发展中国特色社会主义，是改革开放以来我们党全部理论和实践的鲜明主题，也是习近平新时代中国特色社会主义思想的核心要义。党的十八大以来，我们党的全部理论和实践探索都是围绕这个主题来展开、深化和拓展的。对坚持和发展什么样的中国特色社会主义，习近平总书记从理论渊源、历史根据、本质特征、独特优势、强大生命力等多方位多角度作出了深刻回答；对怎样坚持和发展中国特色社会主义，习近平总书记以一系列战略性、前瞻性、创造性的观点，深刻回答了新时代坚持和发展中国特色社会主义的总目标、总任务、总体布局、战略布局和发展方向、发展方式、发展动力、战略步骤、外部条件、政治保证等基本问题。这些思想观点，深刻揭示了新时代中国特色社会主义的本质特征、发展规律和建设路径，为在新的时代条件下坚持和发展中国特色社会主义提供了科学的理论指引。

习近平新时代中国特色社会主义思想内涵十分丰富，其中最重要、最核心的内容就是党的十九大报告概括的“八个明确”，即明确坚持和发展中国特色社会主义，总任务是实现社会主义现代化和中华民族伟大复兴，在全面建成小康社会的基础上，分两步走在本世纪中叶建成富强民主文明和谐美丽的社会主义现代化强国；明确新时代我国社会主要矛盾是人民日益增长的美好生活需要和不平衡不充分的发展之间的矛盾，必须坚持以人民为中心的发展思想，不断促进人的全面发展、全体人民共同富裕；明确中国特色社会主义事业总体布局是“五位一体”、战略布局是“四个全面”，强调坚定道路自信、理论自信、制度自信、文化自信；明确全面深化改革总目标是完善和发展中国特色社会主义制度、推进国家治理体系和治理能力现代化；明确全面推进依法治国总目标是建设中国特色社会主义法治体系、建设社会主义法治国家；明确党在新时代的强军目标是建设一支听党指挥、能打胜仗、作风优良的人民军队，把人民军队建设成为世界一流军队；明确中国特色大国外交要推动构建新型国际关系，推动构建人类命运共同体；明确中国特色社会主义最本质的特征是中国共产党领导，中国特色社会主义制度的最大优势是中国共产党领导，党是最高政治领导力量，提出新时代党的建设总要求，突出政治建设在党的建设中的重要地位。这“八个明确”，高度凝练、提纲挈领地点明了习近平新时代中国特色社会主义思想的主要内容，构成了系统完备、逻辑严密、内在统一的科学体系。

围绕贯彻落实习近平新时代中国特色社会主义思想，党的十九大报告提出了新时代中国特色社会主义基本方略，并概括为“十四个坚持”：坚持党对一切工作的领导、坚持以人民为中心、坚持全面深化改革、坚持新发展理念、坚持人民当家作主、坚持全面依法治国、坚持社会主义核心价值体系、坚持在发展中保障和改善民生、坚持人与自然和谐共生、坚持总体国家安全观、坚持党对人民军队的绝对领导、坚持“一国两制”和推进祖国统一、坚持推动构建人类命运共同体、坚持全面从严治党。这“十四个坚持”，是对党的治国理政重大方针、原则的最新概括，是实现“两个一百年”奋斗目标、实现中华民族伟大复兴中国梦的“路线图”和“方法论”，既是习近平新时代中国特色社会主义思想的重要组成部分，也是落实习近平新时代中国特色社会主义思想的实践要求。

习近平新时代中国特色社会主义思想，是对马克思列宁主义、毛泽东思想、邓小平理论、“三个代表”重要思想、科学发展观的继承和发展，是马克思主义中国化最新成果，是党和人民实践经验和集体智慧的结晶，是中国特色社会主义理论体系的重要组成部分，是全党全国人民为实现中华民族伟大复兴而奋斗的行动指南。这一思想源于实践又指导实践，开辟了马克思主义新境界、中国特色社会主义新境界、治国理政新境界、管党治党新境界，为新时代坚持和发展中国特色社会主义、推进党和国家事业提供了基本遵循，为发展21世纪马克思主义、当代中国马克思主义作出了历史性贡献，对于在新的历史起点上进行伟大斗争、建设伟大工程、推进伟大事业、实现伟大梦想，具有重大现实意义和深远历史意义。

二、坚持用习近平新时代中国特色社会主义思想武装头脑、指导实践、推动工作

党的十九大把习近平新时代中国特色社会主义思想确立为党必须长期坚持的指导思想，并写进党章，实现了党的指导思想的又一次与时俱进。这是党的十九大取得的一个重要理论成果和重大历史贡献。十三届全国人大一次会议表决通过了《中华人民共和国宪法修正案》，把习近平新时代中国特色社会主义思想载入宪法，把党的指导思想转化为国家指导思想，以国家根本法的形式确立习近平新时代中国特色社会主义思想在国家政治和社会生活中的指导地位。这充分反映了全党全国各族人民的共同意愿，体现了党的主张和人民意志的高度统一，有利于全党全国各族人民把思想统一到习近平新时代中国特色社会主义思想上来，把力量凝聚到党的十九大确定的重大战略部署上来，进一步筑牢共同思想基础、提供强大精神支柱。

学习贯彻习近平新时代中国特色社会主义思想，事关党和国家事业继往开来，事关中国特色社会主义前途命运，事关广大职工的切身利益，是当前和今后一个时期的首要政治任务，

是各级工会组织和广大工会干部的头等大事。只有坚持以习近平新时代中国特色社会主义思想为指导，并以此统领工会各项工作，全国各级工会组织和广大工会干部才能不忘初心、牢记使命，团结动员亿万职工凝心聚力、砥砺前行，为决胜全面建成小康社会、夺取新时代中国特色社会主义伟大胜利、实现中华民族伟大复兴的中国梦，作出无愧于时代、无愧于人民、无愧于历史的应有贡献。

坚持用习近平新时代中国特色社会主义思想武装头脑，必须学习领会习近平新时代中国特色社会主义思想的历史地位、时代背景、科学体系、精神实质、实践要求和重大意义，准确把握习近平新时代中国特色社会主义思想的历史逻辑、理论逻辑和实践逻辑，准确把握贯穿其中的马克思主义立场观点方法，深刻认识习近平新时代中国特色社会主义思想根源于党的十八大以来所发生的历史性变革，产生于中国特色社会主义进入新时代，肩负着实现中华民族伟大复兴的历史使命，极具鲜明政治导向、强大真理力量、深厚实践基础，不断增强坚决维护习近平总书记党中央的核心、全党的核心地位，坚决维护党中央权威和集中统一领导的政治自觉、思想自觉和行动自觉。

坚持用习近平新时代中国特色社会主义思想武装头脑，必须突出重点、抓住关键，确保正确的政治方向。内容上要做到既全面系统又突出重点，牢牢聚焦到习近平新时代中国特色社会主义思想是党必须长期坚持的指导思想，习近平总书记是全党拥护、人民爱戴、当之无愧的党的领袖，贯彻落实党的十九大的重大决策部署等关键上来，努力做到原原本本学，吃透精神实质；深入系统学，达到融会贯通；联系实际学，认真对标对表，注重采取理论和实践、历史和现实、当前和未来相结合的方法，真正做到学深悟透甚解、精学细照笃行。形式上要做到既严谨规范又生动活泼，立足工会实际，面向职工群众，运用职工喜闻乐见、易于接受的各种方式，通过工会报刊、网站、“两微一端”等阵地，在广大职工中深入浅出地开展有特色、接地气，立体化、互动式的宣讲，使职工群众爱听、真懂、认可，切实推动习近平新时代中国特色社会主义思想进工会院校、进基层一线、进工会干部和职工群众头脑。要把深化学习教育、层层培训宣讲，作为开展职工思想政治工作、激发基层工会干部和广大职工的积极性主动性创造性的过程，作为密切联系职工、增进与职工感情的过程，作为提高群众工作能力、改进工作作风的过程，作为释疑解惑、回应关切、解决问题的过程。

坚持用习近平新时代中国特色社会主义思想武装头脑，必须做到理论联系实际，推动这一思想在工会系统形成生动实践。实现党的十九大提出的宏伟目标，工人阶级使命光荣，工会组织责任重大。要在新时代展现新作为，关键是紧扣我国社会主要矛盾变化，紧扣职工群众对美好生活的向往，把习近平新时代中国特色社会主义思想贯穿到工会工作的全过程，组织广大工会干部和职工群众带着信念学、带着感情学、带着使命学，坚持学而信、学而思、学而行，进一步树立政治意识、大局意识、核心意识、看齐意识，不断增强对中国特色社会主义的道路自信、理论自信、制度自信、文化自信，不断增强政治认同、思想认同、情感认同，通过工会扎实有效的工作和活动，把坚持正确政治方向、坚持党的领导和我国社会主义制度落实到广大职工群众中去。

三、坚持以习近平新时代中国特色社会主义思想统领工会工作

历史证明，任何一种科学理论的确立与发展都是以实践为

基础，并通过不断进行新概括进一步指导新实践、提升新维度。各级工会组织和广大工会干部学习贯彻习近平新时代中国特色社会主义思想，要与学习贯彻习近平总书记关于工人阶级和工会工作的重要论述结合起来，立足新时代中国特色社会主义的新方位、社会主要矛盾的新变化、共建共治共享社会治理的新格局、全面深化改革的新阶段，把握工会组织新使命、新目标、新要求，在工会各项工作中全面体现、全面落实，形成新的生动实践。

——在实现党的十九大描绘的宏伟蓝图中贡献力量。中国特色社会主义进入新时代，这是我国发展新的历史方位，也是新时代工会工作的新方位。面对新时代，党的十九大明确提出了在2020年全面建成小康社会的基础上，分两步走在本世纪中叶建成富强民主文明和谐美丽的社会主义现代化强国的战略安排，描绘了决胜全面建成小康社会、夺取新时代中国特色社会主义伟大胜利的宏伟蓝图。实现这一宏伟目标，是工人阶级的历史重任。当今世界正处于大发展大变革大调整时期，世界多极化、经济全球化、社会信息化、文化多样化深入发展，全球治理体系和国际秩序变革加速推进，我国面临的改革发展稳定任务之重、矛盾风险挑战之多、治国理政考验之大前所未有。特别是当前我国外部环境发生明显变化，世界经济不确定不稳定因素增多，中美经贸摩擦是今后一个时期我国发展面临的最大不确定因素，对我国产生多领域负面冲击。因此，工会组织必须牢牢把握为实现中华民族伟大复兴中国梦而奋斗的工人运动时代主题，把团结动员亿万职工为实现党的十九大提出的目标任务建功立业作为新的历史使命，发挥自身政治优势、组织优势、制度优势、群众优势、资源优势，引导广大职工脚踏实地艰苦奋斗、改革创新，在进行伟大斗争、建设伟大工程、推进伟大事业、实现伟大梦想中，努力创新创业创造，积极展现新时代奋斗者的新风采。

——在不断满足职工群众美好生活需要中担当作为。适应社会主要矛盾的新变化，在克服不平衡不充分发展的制约基础上，不断满足职工群众的美好生活需要，要求新时代工会组织必须树立以职工为中心的工作导向，深化对职工队伍发展变化特点与规律的认识，认真研究解决职工在劳动经济、精神文化、民主法治、公平公正、安全环境等方面多样化需求与不平衡不充分发展之间的矛盾，整合不同群体职工之间的利益关系，更好地促进职工体面劳动、舒心工作、全面发展。把竭诚为职工群众服务作为工会一切工作的出发点和落脚点，不断提高服务职工质量和水平，扎扎实实解决好群众最关心最直接最现实的利益问题、最困难最忧虑最急迫的实际问题，大力提升职工群众获得感、幸福感、安全感。

——在推动构建中国特色和谐劳动关系中履职尽责。立足构建社会治理新格局，适应劳动关系变化新趋势，要求工会组织把构建中国特色和谐劳动关系作为工作主线。这就要求新时代工会组织必须及时研判劳动关系和就业形态的新特征，深入研究劳动关系领域存在的突出问题，推动完善政府、工会、企业共同参与的协商协调机制，运用法治思维和法治方式协调劳动关系，最大限度增加和谐因素、最大限度减少不和谐因素，在加强社会治理制度建设、完善社会治理体制、提高社会治理水平中发挥工会的优势和作用。

——在构建联系广泛、服务职工的工会工作体系中开拓创新。贯彻全面深化改革的总体部署，要求工会围绕增强政治性、先进性、群众性这个根本要求，以更大力度、更实举措推进工会改革创新，坚定不移把改革创新进行到底。围绕增强团结教育、维护权益、服务职工的功能，搞好顶层设计，上下联动、整体推进，强化优化职能，聚焦主责主业，创新运行机制，形成联系广泛、服务职工的工会工作体系，以坚定的政治性引导职工，以鲜明的先进性组织职工，以广泛的群众性凝聚职工，把工会组织建设得更加充满活力、更加坚强有力。

总之，在学习实践中，各级工会要坚持以习近平新时代中国特色社会主义思想统领工会工作，深入学习贯彻习近平总书记关于工人阶级和工会工作的重要论述，不断深化对这一重要论述的研究阐释和实践运用，探索和把握新时代工运事业和工会工作特点与规律，不断推进工会理论创新、实践创新、制度创新，进一步丰富和拓展中国特色社会主义工会发展道路，使之在推进工运事业和工会工作的伟大实践中展现出更强大、更有说服力的真理力量。

推进新时代工会工作创新发展的光辉篇章

吕国泉

2018年10月22日，在以习近平同志为核心的党中央的亲切关怀和坚强领导下，在各级党委、政府和社会各界的大力支持下，在全国亿万职工的热切期盼下，在各级工会组织、广大工会干部的共同努力下，中国工会第十七次全国代表大会在北京隆重召开。大会高举中国特色社会主义伟大旗帜，深入学习贯彻习近平新时代中国特色社会主义思想和党的十九大精神，通过了全国人大常委会副委员长、中华全国总工会主席王东明所作的报告，修改了《中国工会章程》，选举产生中华全国总工会新一届领导机构，顺利完成了各项会议议程，于10月26日胜利闭幕。这是一次团结、务实、鼓劲、奋进的大会，是一次充分展示工人阶级新风采、展示工运事业新前景的大会。

一、大会的历史意义和工会十七大报告的重要价值

中国工会第十七次全国代表大会，是在我国进入全面建成小康社会决胜阶段、中国特色社会主义进入新时代召开的一次重要会议。

中国工会十六大以来，各级工会坚持以习近平新时代中国特色社会主义思想为指导，学习贯彻习近平总书记关于工人阶

级和工会工作的重要论述，组织动员职工建功立业，加大工会维权服务力度，推动构建和谐劳动关系，推进产业工人队伍建设改革，深化工会改革创新，加强工会系统党的建设，拓展国际交流合作，各项工作取得了重要进展，工会组织和工会工作政治性、先进性、群众性显著增强。

当前，中国特色社会主义进入新时代。党的十九大描绘了全面建设社会主义现代化国家的宏伟蓝图，对决胜全面建成小康社会、开启全面建设社会主义现代化国家新征程、推进新时代中国特色社会主义伟大事业和党的建设新的伟大工程作出了全面部署。工会是党领导的重要人民团体，在实现党的十九大确定的奋斗目标、开启全面建设社会主义现代化国家新征程中肩负光荣使命、承担重要责任。中国工会第十七次全国代表大会，正是在这样一个关键时间节点召开的，这是深入贯彻落实党的十九大精神、推动新时代工会工作开创新局面的一次重要会议，是全国亿万职工群众和广大工会干部政治生活中的一件大事。开好这次大会，对于各级工会组织深入学习贯彻习近平新时代中国特色社会主义思想，团结动员广大职工为决胜全面建成小康社会、夺取新时代中国特色社会主义伟大胜利而奋斗，具有重要意义。

王东明同志代表全总十六届执行委员会作了题为《以习近平新时代中国特色社会主义思想为指导　团结动员亿万职工为决胜全面建成小康社会　夺取新时代中国特色社会主义伟大胜利而奋斗》的报告。报告站在历史和现实相结合的维度，从宏观和全局的高度，对工会十六大以来工会工作取得的成绩进行了总结和回顾，系统阐释了习近平总书记关于工人阶级和工会工作的重要论述的基本内涵和实践要求，明确了工会今后五年工作的目标和任务。报告站位高、立意新，谋划深、着眼实，对成绩的总结客观全面，对形势的分析系统深刻，对未来五年工作的部署科学有序，得到了与会代表及广大工会干部的高度评价，普遍认为这个报告是新时代指导工会工作的重要文献，必将推动工会工作取得更加辉煌的发展。

二、党中央高度重视筹备召开工会十七大和工会十七大报告起草工作

作为工会十七大筹备工作的重点任务，起草一个凝聚各级工会智慧、顺应工会干部和广大职工期待的高质量报告，是大会胜利召开的重要环节。

党中央和习近平总书记对开好中国工会十七大高度重视，把包括工会在内的群团组织换届工作列入 2018 年中央政治局常委会工作要点，作出统一部署安排。中共中央政治局常委、中央书记处书记王沪宁多次作出重要指示，对如何筹备好工会十七大特别是起草好工会十七大报告提出明确要求。2018 年 1 月 2 日上午，王沪宁同志主持召开十九届中央书记处第二次办公会议，听取全国总工会 2017 年工作情况和 2018 年工作安排的汇报，原则同意 2018 年召开中国工会第十七次全国代表大会。2018 年 9 月 7 日上午，王沪宁同志主持召开十九届中央书记处第七次办公会议，听取了全国总工会党组书记、副主席、书记处第一书记李玉赋代表全总党组所作的《中共中华全国总工会党组关于中国工会第十七次全国代表大会筹备工作情况的报告》，强调要提高政治站位，增强“四个意识”，努力把这次会议开成团结、务实、鼓劲、奋进的大会；要求修改好大会报告稿和工会章程修正案，关键要把习近平新时代中国特色社会主义思想，特别是习近平总书记关于工人阶级和工会工作的重要论述学深悟透、贯穿其中。

全总将开好大会和起草好大会报告作为重要政治任务来抓，谋划早、着手早，多次召开主席会、党组会、书记处会进行研究部署，对大会涉及的方方面面工作统筹安排，对大会报告反复讨论推敲，力争形成一个高质量的大会报告。早在 2018 年 1 月 12 日，全总十六届七次执委会议就提出，要及早着手开展筹备工作，认真总结工会十六大以来的成就和经验，起草好工会十七大报告。王东明同志多次指出，要在党中央领导下，精心做好各项筹备工作，起草好大会报告，修改好《中国工会章程》，做好代表选举工作；工会十七大报告首先是一份政治报告，报告起草要充分发扬民主，汇聚各方智慧，集中力量攻关，体现政治性、时代性、工会特点。全总党组、书记处对起草好工会十七大报告高度重视，2018 年 3 月，制定了《中国工会第十七次全国代表大会筹备工作方案》，成立了由李玉赋同志任主任，全总党组、书记处其他领导同志任副主任的中国工会十七大筹备工作委员会，下设由全总领导同志任组长，办公厅、研究室相关人员组成的报告起草小组，制定起草工作方案，确保起草工作有序推进。

在报告起草过程中，报告起草小组认真学习领会习近平新时代中国特色社会主义思想和党的十九大精神，学习习近平总书记关于工人阶级和工会工作的重要论述特别是给中国劳动关系学院劳模本科班学员的回信精神，统一思想认识，提高政治站位，努力奠定理论基础。为保证工会十七大报告的科学性、全面性、针对性和指导性，报告起草小组围绕如何提炼概括习近平总书记关于工人阶级和工会工作的重要论述，总结工会十六大以来工会工作成绩、经验及存在问题，分析工会工作面临形势任务，明确今后五年基本思路和重点工作等，从 2018 年 3 月开始，先后召开了全国产业工会、全总机关各部门等不同层面的座谈会，分赴上海、江苏、贵州、重庆、广东、山东、黑龙江、云南、湖北、河北等10个省（市）开展实地调研。在工会十七大报告初稿形成后，2018年4月中旬至7月底，王东明同志带头，全总领导等分别带队，赴上海、陕西、河北、内蒙古、黑龙江、山西、四川、北京、浙江、福建、云南、湖北等12个省（区、市）开展调研，征求对报告的意见建议，征求天津、山东、贵州、广东、辽宁、陕西、黑龙江、重庆、内蒙古等9个省（区、市）总工会，各全国产业工会、中央和国家机关工会联合会筹备组，全总机关各部门、各直属单位，以及部分全总老领导的意见建议；6月，书面征询了全总各位领导包括兼职领导的意见；全总党组、书记处会议研究讨论了报告；8月，书面征求了中央纪委国家监委机关、中央组织部、中央宣传部、中央政策研究室、中央全面深化改革委员会办公室、人力资源社会保障部、民政部、应急管理部、国务院国有资产监督管理委员会，共青团中央、全国妇联、全国工商联、中国企联/企业家协会等中央和国家机关13个部委，并再次征求各驻会全国产业工会、全总机关各部门和各直属单位的意见。在此基础上修改形成了送审稿。9月19日召开的全总十六届第十七次主席会和全总十六届第十八次主席团会议审议并原则通过了《中国工会十七大报告（审议稿）》。9月19日—20日召开的全总十六届第十八次主席团会议和九次执委会议，听取了李玉赋同志所作的《关于中国工会十七大报告（审议稿）的说明》，原则通过了工会十七大报告，决定提交中国工会第十七次全国代表大会审议。会后报王沪宁同志审阅。根据王沪宁同志的意见，对工会十七大报告再次进行修改后，上报中共中央审定，形成提交本次大会的报告。

在工会十七大报告起草过程中，报告起草小组着重把握4

个方面的要求：一是坚持政治方向。以习近平新时代中国特色社会主义思想和党的十九大精神为指导，贯彻落实全心全意依靠工人阶级方针，突出保持和增强政治性、先进性、群众性这一主线，努力使报告体现中央精神，符合政治报告的要求。二是突出问题导向。围绕党和国家工作大局及工会工作全局，聚焦职工群众最关心最直接最现实的利益问题，力求针对时代课题，回应职工群众期待，解决工会工作难题。三是体现改革取向。贯彻落实中央关于深化党和国家机构改革的重要部署，结合工会实际，突出工会改革与中央和地方党政机构改革衔接协调，突出工人阶级支持、参与、推动改革的积极性主动性创造性，努力使报告贯穿改革精神，体现前瞻性、探索性。四是汇集各方智慧。坚持群众路线，发扬民主、集思广益，广泛开展实地调研、组织研讨论证，充分凝聚各级工会干部、有关部委、职工群众和专家学者的智慧，努力使报告形成过程变成统一思想、凝聚共识的过程，体现代表性、广泛性和民主性。

三、工会十七大报告的主题

工会十七大报告全文 1.5 万字左右，由回顾总结、理论阐述、主要任务等三部分组成。三个部分密切相连、依次递进、层层深入，构成了一个严密的逻辑整体。

报告首先明确了这次大会的主题，即“以习近平新时代中国特色社会主义思想为指导，坚持走中国特色社会主义工会发展道路，忠诚党的事业，竭诚服务职工，团结动员亿万职工为决胜全面建成小康社会、夺取新时代中国特色社会主义伟大胜利而奋斗”。这一主题明确了工会十七大、今后工会工作的指导思想、发展道路、使命担当、奋斗目标。

——指导思想：习近平新时代中国特色社会主义思想。

党的十九大将习近平新时代中国特色社会主义思想确立为党的指导思想并写进党章，十三届全国人大一次会议通过的宪法修正案将习近平新时代中国特色社会主义思想载入宪法。习近平新时代中国特色社会主义思想，是马克思主义中国化最新成果，是中国特色社会主义理论体系的重要组成部分。这一重要思想，在党领导人民推进“四个伟大”的历史进程中，展现出强大的真理力量、独特的思想魅力、巨大的实践伟力，得到了全党全国各族人民高度的政治认同、思想认同、情感认同，成为指引为人民谋幸福、为民族谋复兴的思想之旗，成为凝聚中国人民勠力同心、奋勇前进的精神之魂，是全党全国人民为实现中华民族伟大复兴而奋斗的行动指南，也是各级工会组织和广大工会干部的强大思想武器，为推进新时代党的工运事业和工会工作提供了根本遵循。坚持用习近平新时代中国特色社会主义思想武装头脑，是党的十九大提出的重大战略任务，也是当前工会工作的重要政治任务。

*——发展道路：中国特色社会主义工会发展道路。*在党的坚强领导下，中国工会顺应时代发展要求，准确把握历史方位，探索出了适应时代要求、符合基本国情、体现工会性质的中国特色社会主义工会发展道路。其基本内涵是：坚持自觉接受党的领导，坚持工会的社会主义性质，坚持发展工人阶级先进性，坚持构建和谐劳动关系，坚持维护职工群众合法权益，坚持完善社会主义劳动法律，坚持推动形成国际工运新秩序，坚持以改革创新精神加强工会自身建设。这是在推进中国特色社会主义事业的进程中探索形成的，是工会坚持中国特色社会主义道路、理论体系、制度，深入研究社会主义市场经济条件下工会理论与实践的必然结果。习近平总书记指出，中国特色社会主义工会发展道路是中国特色社会主义道路的重要组成部

分，深刻反映了中国工会的性质和特点，是工会组织和工会工作始终沿着正确方向前进的重要保证，要始终坚持这条道路，不断拓展这条道路，努力使这条道路越走越宽广。习近平总书记的重要指示，深刻阐明了工会发展道路与中国特色社会主义道路的关系，充分肯定了工会发展道路对我国工运事业发展的重大时代意义，也对工会坚持这条道路提出了明确政治要求。

——使命担当：忠诚党的事业，竭诚服务职工。对党忠诚，是对工会组织第一位的要求，是工会工作和工会组织政治性的集中体现。中国工会是党领导的职工自愿结合的工人阶级群众组织，是重要的政治组织。中国现代工人运动是在中国共产党直接领导下发展起来的。中国工会自诞生之日起就将自己同党的事业紧密相联，团结动员广大工人群众为实现党的纲领而不懈奋斗。历史充分证明，只有在党的领导下，中国工人运动才能朝着正确方向前进，中国工会才能成为推动民族复兴、国家富强、人民幸福的时代洪流中的重要力量，中国工运事业才能蓬勃发展，不断从胜利走向新的胜利。习近平总书记强调：工会工作做得好不好、有没有取得明显成效，关键看有没有坚持正确政治方向。坚持正确政治方向，就是要坚持中国共产党领导和我国社会主义制度。要教育引导群团干部做到心中有党、对党忠诚，时刻不忘自己对党应尽的义务和责任，守纪律、讲规矩，党中央提倡的坚决响应，党中央决定的坚决照办，党中央禁止的坚决杜绝。政治性是工会组织的灵魂，是第一位的，离开了政治性，工会组织就容易产生脱离党的领导的倾向，就会庸俗化，就会成为一般社会组织，甚至会走向邪路。工会是经济关系、劳动关系矛盾的产物，为职工群众服务是工会的天然属性和生命线，工会要赢得职工群众的信赖和支持，就必须做好维护职工群众切身利益的工作。职工参加和组织工会的目的，是期望工会能够代表和维护他们的利益。在社会主义制度下，尽管全体人民的总体利益在根本上是一致的，但各种具体利益的差异和矛盾是普遍存在的，职工权益受到侵犯的现象时有发生，广大职工同样需要工会来代表和维护自己的利益。只有牢牢把握我国发展的阶段性特征，牢牢把握职工群众对美好生活的向往，通过积极有效的维权服务工作，才能使广大职工始终团结在党的周围，不断增强党的执政基础、巩固党的执政地位。

——奋斗目标：团结动员亿万职工为决胜全面建成小康社会、夺取新时代中国特色社会主义伟大胜利而奋斗。决胜全面建成小康社会、夺取新时代中国特色社会主义伟大胜利，这是党的十九大主题的重要内容。决胜全面建成小康社会，是到2020年我们党带领人民必须完成的历史任务和实现的阶段性奋斗目标。党的十六大提出了全面建设小康社会的奋斗目标，党的十七大、十八大对全面建成小康社会作出新的部署，提出新的要求。党的十九大提出决胜全面建成小康社会，意味着吹响了前进的冲锋号，发出了决胜的总动员令。夺取新时代中国特色社会主义伟大胜利，为实现中华民族伟大复兴的中国梦不懈奋斗，是中国共产党提出的全党全国人民今后的奋斗方向，这也是工会组织今后的奋斗目标。决胜全面建成小康社会、夺取新时代中国特色社会主义伟大胜利根本上要靠包括工人阶级在内的全体人民的劳动、创造、奉献。中国工会是中国共产党领导的工人阶级群众组织，是党联系职工群众的桥梁和纽带，是社会主义国家政权的重要社会支柱，团结动员亿万职工为党确立的发展目标不懈奋斗是工会的重要使命，工会必须围绕中心、服务大局，把广大职工主人翁精神充分激发起来，把广大职工的积极性、主动性、创造性充分调动起来，满怀信心投身决胜全面建成小康社会、夺取新时代中国特色社会主义伟大胜利的火热实践，形成万众一心、众志成城的磅礴力量。

四、过去五年工会工作取得的重要成就

报告的第一部分，主要是全面总结工会十六大以来工会工作取得的巨大成就。这一部分是整个报告的基石，通过对过去五年工会工作的回顾总结，全面客观地展示过去五年工会工作取得的重大进展，从而更加准确掌握工会工作现状、总结有益经验，为进一步做好今后工会工作奠定坚实基础。报告对中国工会十六大以来的五年作出明确判断，指出这五年是工会组织和工会工作政治性、先进性、群众性进一步增强的五年，是维权服务工作不断推进的五年，是工会深化改革锐意进取的五年，是工会系统党的建设持续加强的五年，是工会在党和国家工作大局中作用有力彰显的五年。

报告从六个方面对工会过去五年工作的总结，可以归纳为“一二三四五”，即“一个政治责任”“两个改革”“三个精神”“四个制度”“五个建设”。

——“一个政治责任”，即加强对职工的思想政治引领，履行好引导职工听党话、跟党走的政治责任。报告突出强调了工会加强和改进职工思想政治工作、引导职工践行社会主义核心价值观、坚决贯彻落实意识形态工作责任制、加强职工职业道德建设、开展精神文明创建活动，广泛开展“中国梦·劳动美——永远跟党走”“喜迎党的十九大”等主题宣传教育活动，并指出了工作的成效，各级工会干部和广大职工“四个意识”进一步增强，“四个自信”更加坚定，对习近平新时代中国特色社会主义思想高度认同，对习近平总书记作为党的核心、

军队统帅、人民领袖衷心拥护，对中华民族伟大复兴的光明前景充满信心。

——“两个改革”，即推进工会改革和产业工人队伍建设改革。推进工会改革，是贯彻党中央关于推进群团改革决策部署的重要举措，是工会组织和工会工作保持和增强政治性先进性群众性、在党和国家工作大局中更好发挥作用的内在要求，是激发工会组织活力、推进工会工作全面创新的强大动力，是工会解决自身突出问题，更好地服务基层、服务职工群众的迫切需要，也是工会过去五年的一个标志性工作。报告指出了全总机关改革试点所取得的成绩，以及各级工会与全总在推进工会改革方面上下联动、左右互动、整体推动，推动工会改革不断向基层延伸、向实践拓展取得的成绩，重点强调了工会改革中形成的典型经验，以及推进“互联网+”工会建设、发挥产业工会优势、改革和完善工会资产监督管理体制机制等方面的做法和成效。产业工人队伍建设改革，是以习近平同志为核心的党中央着眼于巩固党的执政基础、实施制造强国战略、全面提高产业工人素质作出的重大决策部署，充分体现了党中央对包括产业工人在内的工人阶级的高度重视和巨大关怀，贯彻了全心全意依靠工人阶级方针。从产业工人队伍建设改革方案的起草制定到组织实施，工会都首当其冲、深度参与，特别是全总在其中发挥了牵头抓总的作用，既赋予了工会组织重要责任，也为工会组织更好地推进产业工人队伍建设改革提供了重大机遇和强大动力。工会推动出台了《关于提高技术工人待遇的意见》等重要政策，积极参与构建产业工人技能形成体系，创新技能导向的激励机制，重视满足产业工人的精神文化需求。产业工人队伍建设改革进展顺利、势头良好，得到广大产业工人的积极拥护和高度评价。

——“三个精神”，即大力弘扬劳模精神、劳动精神、工匠精神。党中央始终高度重视弘扬劳模精神、劳动精神、工匠精神。习近平总书记多次就此作出指示、发表讲话，2016 年在安徽合肥主持召开知识分子、劳动模范、青年代表座谈会时强调，要大力弘扬工匠精神；在 2017 年 10 月 18 日党的十九大报告中，对弘扬劳模精神和工匠精神作出重要论述；2018 年 4 月 30 日给中国劳动关系学院劳模本科班学员回信，强调全社会都应该尊敬劳动模范、弘扬劳模精神，让诚实劳动、勤勉工作蔚然成风；2018 年 9 月 10 日在全国教育大会上指出，要在学生中弘扬劳动精神。从 2016 年至 2018 年，“弘扬工匠精神”三次写入国务院政府工作报告。这些都体现了党和国家对劳模和广大职工的关心关怀，为全社会更好地弘扬劳模精神、劳动精神、工匠精神提供了根本遵循。这三个精神彰显了社会主义核心价值观的深刻内涵，体现了以爱国主义为核心的民族精神和以改革创新为核心的时代精神。“工人伟大、劳动光荣”，是我们这个时代的主旋律。大力弘扬劳模精神、劳动精神、工匠精神，倡导辛勤劳动、诚实劳动、创造性劳动，积极营造劳动最光荣、劳动最崇高、劳动最伟大、劳动最美丽的良好社会氛围，对于团结动员亿万职工在实现中国梦中发挥主力军作用具有不可替代的作用，报告突出强调了工会在大力弘扬劳模精神、劳动精神、工匠精神，贯彻落实新发展理念，组织职工开展“当好主人翁、建功新时代”等主题劳动和技能竞赛，参与国家重大战略、重大工程，打赢三大攻坚战、深化供给侧结构性改革、振兴实体经济、推动经济高质量发展中发挥的作用；肯定了工会在弘扬劳模精神、劳动精神、工匠精神，组织动员广大职工建功立业上取得的积极成效。

——“四个制度”，即在工会维权服务过程中形成的源头参与制度、协调劳动关系制度、服务职工制度和帮扶解困制度。报告从这四个制度运行的角度，分别阐述了工会在维护职工合法权益和服务职工中的作为和作用。其中，源头参与制度包括工会积极参与涉及职工利益法律法规政策的制定修改，推动职工劳动经济权益实现得到制度性保障等；协调劳动关系制度包括推动健全社会主义协商民主制度、推动协调劳动关系三方机制发挥作用、推动集体协商制度落实、构建和谐劳动关系、扎实做好劳动争议预防和处理工作、开展群众性安全生产和职业健康活动、加大工会劳动法律监督力度、维护职工队伍和工会组织的团结统一等；服务职工制度包括协助党委和政府做好供给侧结构性改革中职工转岗安置、劳动关系处置、再就业培训、创业带动就业等工作，深入实施全国工会就业创业服务月、技能培训促就业、阳光就业等活动，开展“互联网 +”工会就业服务模式探索，扩大工会就业服务的覆盖范围，推动职工群众实现高质量就业等；帮扶解困制度包括推动城市困难职工解困脱困融入国家脱贫攻坚大局，拓展困难职工帮扶中心功能，实施“四个一批”、精准帮扶，实现送温暖、金秋助学、阳光就业、职工医疗互助保障等工作常态化、长效化，在打赢脱贫攻坚战中充分发挥工会组织作用，加强工会援疆援藏工作等。

——“五个建设”，即政治建设、组织建设、反腐倡廉建设、干部队伍建设和作风建设。在政治建设方面，把党的政治建设摆在首位，抓住主体责任这个“牛鼻子”，构建“一岗双责”的党建工作格局；健全全总机关各级党组织，落实“三会一课”等党的组织生活制度，加强基层党组织队伍建设；扎实开展党的群众路线教育实践活动、“三严三实”专题教育，推进“两学一做”学习教育常态化制度化，自觉尊崇党章、执行党章，严守党的政治纪律和政治规矩，坚定执行党的政治路线，不断增强党内政治生活的政治性、时代性、原则性、战斗性等。在组织建设方面，认真贯彻落实习近平总书记关于加强基层工会建设“三个着力”的重要批示精神，加大工会组建力度，深入推进货车司机等八大群体入会，努力消除建会“盲点”和“空白点”；制定新形势下加强基层工会建设的意见，推进基层工会规范化、标准化建设等。在反腐倡廉建设方面，认真贯彻落实《党章》等党内法规，每年召开专题会议，研究部署全国工会系统党风廉政建设和反腐败工作；开展监督执纪问责情况专项检查，深入搞好警示教育，综合运用监督执纪“四种形态”，严肃查处违纪违规行为，严肃问责履职不力的党员领导干部，自觉接受巡视监督，从严从实、不折不扣落实整改要求；严格依法依规管理、使用工会经费和资产，探索构建经审监督体系，织密制度笼子，严防黑洞漏洞等。在干部队伍建设方面，优化干部结构，实行工会干部专兼挂，探索建立一支以专职干部为骨干力量、以兼职挂职干部为重要支撑的充满活力的机关干部队伍；侧重从劳模和一线优秀工会工作者中考录、遴选工会干部，加强社会化工会工作者队伍建设等，把更多知职工、懂职工、爱职工的人吸引到工会工作岗位上来，增强工会干部队伍的代表性、广泛性。在作风建设方面，持之以恒加强作风建设，制定贯彻落实中央八项规定精神的实施办法，始终保持整治形式主义、官僚主义、享乐主义和奢靡之风的良好态势；完善基层联系点制度，加强与基层职工群众的联系；贯彻落实习近平总书记关于大兴调查研究之风重要指示精神，开展加强基层工会建设集中调研、保障和改善民生调研、职工队伍状况调查、集中调研督查等，建立全总党组、书记处成员年度调研课题制度，出台关于加强调查研究和理论研究的意见等。

报告通过这个“一二三四五”，从六个方面对过去五年工会工作成绩进行总结，将工会过去五年的工作完整地展现在广大工会干部和职工群众面前，使广大工会干部和职工群众对工会过去五年的工作形成了全景式的认识，更好地起到了鼓舞人心、催人奋进的作用。

在全面阐释了工会过去五年取得的工作成就后，本着客观真实、实事求是，不回避问题、不逃避矛盾的原则，报告客观分析了过去五年工会在体制机制、载体手段、干部能力作风、基层基础等方面存在的问题和不足，有些是长期存在没有有效解决的，需要花更大气力和功夫去研究探索的，有些是随着形势任务的发展新产生的，还没有很好地适应，这需要各级工会加强政策调整，尽快提出切实可行的方法措施加以解决。

五、习近平总书记关于工人阶级和工会工作的重要论述的基本内涵和实践要求

报告的第二部分，强调习近平新时代中国特色社会主义思想，是全党全国各族人民为实现中华民族伟大复兴而奋斗的行动指南，是各级工会组织和广大工会干部的强大思想武器。在此基础上，重点阐释了习近平总书记关于工人阶级和工会工作的重要论述，并结合工会工作实际对贯彻落实习近平新时代中国特色社会主义思想提出明确要求，这部分是报告的灵魂，也是报告的最大亮点和特色。

关于如何全面准确概括习近平总书记关于工人阶级和工会工作的重要论述，各级工会和工会理论工作者作出了不少努力和探索，形成了一些有学术价值和参考意义的概括方法和理论成果，这些概括方法和理论成果角度各有不同，亟待一个较为权威的规范性概括。同时，在工会十七大报告的起草和征求意

见过程中，广大工会干部和职工群众强烈表达了希望在工会十七大报告中将习近平总书记关于工人阶级和工会工作的重要论述进行系统梳理的愿望，希望通过科学的概括，更好体现其与习近平新时代中国特色社会主义思想的内在逻辑关系，更加便于各级工会和广大职工深刻理解、准确把握，推动习近平新时代中国特色社会主义思想在工会系统落地生根，形成新的实践。因此，在集中全国工会系统和社会各界智慧的基础上，经过认真思考、总结、归纳、提炼，报告用“八个坚持”对习近平总书记关于工人阶级和工会工作的重要论述的精神实质进行了概括，即坚持党对工会工作的领导，坚持全心全意依靠工人阶级，坚持为实现中华民族伟大复兴的中国梦而奋斗，坚持中国特色社会主义工会发展道路，坚持弘扬劳模精神、劳动精神、工匠精神，坚持高举维护职工合法权益旗帜，坚持增强政治性、先进性、群众性的工会改革方向，坚持加强基层工会建设等。在提出“八个坚持”之后，报告进一步阐明坚持党的领导是关键，增强政治性、先进性、群众性是根本，维护职工权益、服务职工群众是重点。

在系统概括提炼习近平总书记关于工人阶级和工会工作的重要论述后，如何用最新理论成果指导工会工作实践，是一个需要认真思考和解决的问题。报告以“四个立足”分析了习近平总书记关于工人阶级和工会工作的重要论述的实践要求，即立足新时代中国特色社会主义新方位，在实现党的十九大描绘的宏伟蓝图中贡献力量；立足社会主要矛盾新变化，在不断满足职工群众美好生活需要中担当作为；立足共建共治共享社会治理新格局，在推动构建中国特色和谐劳动关系中履职尽责；立足全面深化改革新阶段，在构建联系广泛、服务职工的工会工作体系中开拓创新。

这“四个立足”，是针对中国特色社会主义进入新时代、社会主要矛盾发生新变化、共建共治共享社会治理面临新格局、全面深化改革推向新阶段这些我国经济社会发展的实际对工会工作提出的新要求而提出的。

——立足新时代中国特色社会主义新方位。中国特色社会主义进入新时代，这是我国发展新的历史方位。实现党的十九大描绘的宏伟蓝图，是工人阶级的历史重任，也是工会组织必须肩负的庄严使命，工会组织要发挥自身政治优势、组织优势、制度优势、群众优势、资源优势，引导职工牢牢把握工人运动时代主题，脚踏实地艰苦奋斗、改革创新，在进行伟大斗争、建设伟大工程、推进伟大事业、实现伟大梦想中，展现新时代奋斗者的新风采。

——立足社会主要矛盾新变化。新时代我国社会主要矛盾已经转化为人民日益增长的美好生活需要和不平衡不充分的发展之间的矛盾，适应这一新变化，不断满足职工群众的美好生活需要，成为新时代工会的奋斗目标。面对我国职工队伍在规模不断壮大、结构深刻变化、素质逐步提升、权益得到实现的同时，职工群众在收入分配、利益诉求、价值取向、思想观念等方面日益多样化、差异化的新特征的现实，工会组织要坚持以职工为中心的工作导向，深化对职工队伍发展变化特点与规律的认识，研究解决职工多样化的需求，协调不同职工群体之间的利益关系，更好促进职工体面劳动、舒心工作、全面发展。

——立足共建共治共享社会治理新格局。劳动关系是否和谐，事关经济发展与社会和谐，事关广大职工和企业的切身利益，是加强和创新社会治理、打造共建共治共享的社会治理格局的重要内容。随着数字经济、共享经济等新业态蓬勃兴起，企业组织形式、管理模式、运作方式及用工方式等发生深刻变化，劳动关系的确立与运行、职工权益的维护和保障面临许多新情况新问题。适应劳动关系变化新趋势，工会组织要把推动构建中国特色和谐劳动关系作为工作主线，及时研判劳动关系的新动向、新特征和新问题，积极化解劳动关系矛盾，组织动员职工积极参与社会治理，构建企业与职工命运共同体，切实维护职工队伍团结统一与社会和谐稳定，在完善社会治理体制、提高社会治理水平中发挥工会的优势和作用。

——立足全面深化改革新阶段。全面深化改革进入新阶段，改革的复杂性、敏感性、艰巨性更加突出，落实改革新任务，工会要以坚定的政治性引导职工，以鲜明的先进性组织职工，以广泛的群众性凝聚职工，组织动员广大职工成为全面深化改革的支持者、参与者、推动者，以更大力度、更实举措推进工会改革创新，增强工会团结教育、维护权益、服务职工功能。

六、今后五年工会工作的主要任务

报告的第三部分，主要是今后五年工会工作的总体部署和愿景，对今后五年工会工作提出总体要求和具体安排。这部分是报告的躯干，是对大会主题、指导思想的进一步深化和具体落实。

第三部分首先提出今后五年工会工作的主要任务，即“一个全面四个着力”。其中，“全面贯彻党的十九大精神，以习近平新时代中国特色社会主义思想为指导，深入学习贯彻习近平总书记关于工人阶级和工会工作的重要论述，坚持走中国特色社会主义工会发展道路，坚定政治方向，凝聚奋进力量”是总的要求；“着力推进产业工人队伍建设改革，充分激发职工劳动热情和创造活力；着力做好工会维权服务工作，切实提升职工群众获得感、幸福感、安全感；着力深化工会改革创新，全面增强政治性、先进性、群众性；着力提高工会系统党的建设质量，把工会组织建设得更加充满活力、更加坚强有力”的“四个着力”，是今后五年工会工作的具体落脚点和着力点。

围绕这些主要任务，报告具体部署了六个方面的工作，即始终坚持正确政治方向，推动习近平新时代中国特色社会主义思想在工会系统形成生动实践；牢牢把握我国工人运动时代主题，团结动员广大职工以主人翁姿态建功新时代；切实维护职工合法权益，推动构建和谐劳动关系；提高服务工作质量，更好满足职工群众美好生活需要；深化工会改革创新，不断增强工会工作的动力活力；推进工会系统党的建设，为做好新时代工会工作提供坚强保证等。这六个方面的要求，是在深入分析今后五年工会面临的形势任务得出的。从逻辑关联上看，这六个方面的工作涉及未来五年工会工作的根本原则、时代主题、基本职责、前进动力和重要保障等。

——“根本原则”就是保持正确政治方向。习近平新时代中国特色社会主义思想是当代中国马克思主义、21 世纪马克思主义，是《党章》和《宪法》确立的党和国家的指导思想，推动这一思想在工会系统深入人心、落地生根，关系工会工作正确政治方向。针对这方面工作，报告明确指出，坚持正确政治方向，就是要坚持中国共产党领导和我国社会主义制度，要求各级工会通过扎实有效的工作和活动，把坚持中国共产党领导和我国社会主义制度落实到广大职工群众中去，并提出要健全学习制度、创新学习方式、深化学习效果，增强“四个意识”，坚定“四个自信”，做到“两个维护”，在政治立场、政治方向、政治原则、政治道路上始终同以习近平同志为核心的党中央保持高度一致，坚定不移听党话、跟党走。为了加深对习近平总书记关于工人阶级和工会工作的重要论述的理解和运用，报告还对深化对习近平总书记关于工人阶级和工会工作的重要论述的研究阐释和实践运用，提出了推进工会理论创新、实践创新、制度创新的明确要求。

——“时代主题”就是组织动员广大职工为实现中华民族伟大复兴的中国梦而奋斗。在2013年10月23日，习近平总书记在中南海同中华全国总工会新一届领导班子成员集体谈话时指出，我国工人运动的时代主题，是为实现中华民族伟大复兴的中国梦而奋斗。报告从四个方面提出了具体要求，一是要把统一思想、凝聚力量作为工会思想政治工作的重要任务，加强对职工的思想政治引领，提高思想引领水平，培育担当民族复兴大任的时代新人；二是要围绕高质量发展深化劳动和技能竞赛，引导职工广泛深入持久开展多种形式的劳动和技能竞赛，组织职工积极参与深化供给侧结构性改革，投身打好三大攻坚战；三是要扎实推进产业工人队伍建设改革，积极履行工会牵头职责，压紧压实改革责任，推进政策衔接和落地；四是要营造劳动光荣的社会风尚和精益求精的敬业风气，持续开展大国工匠系列活动，大力弘扬劳模精神、劳动精神、工匠精神。

——“基本职责”就是履行好工会维权服务的基本职责。维护职工合法权益、服务职工群众是工会的基本职责。履行好这个职责是工会的安身立命之本，直接关系到工会在职工中的影响力和号召力。关于维护职工合法权益，报告提出了三个方面的要求，一是要维护职工劳动经济权益，加强源头参与，代表职工主动参与涉及职工利益的法律法规政策的制定修改。做好供给侧结构性改革中职工转岗安置等工作，帮助就业困难人员尽快实现稳定就业，以提质增效为重点深化集体协商工作，推动完善企业工资决定、正常增长和支付保障机制。二是要推动完善协调劳动关系制度机制，健全政府和工会联席会议制度，做实省、市、县三级地方及产业的协调劳动关系三方机制，并向乡镇（街道）、经济开发区、高新技术园区延伸。深化和谐劳动关系创建活动，引导职工依法理性有序表达诉求。三是要参与加强和创新社会治理，加强对劳动关系领域社会组织的政治引领、示范带动和联系服务，加强劳动关系矛盾预防和化解机制建设，坚决维护职工队伍和工会组织的团结统一，坚决维护企业和社会大局和谐稳定。关于服务职工群众，报告也提出了三个方面的要求，一是要健全服务职工体系，构建以精准帮扶为重点的工会服务职工体系，推进“互联网+”工会普惠性服务；二是要拓宽服务职工领域，推动完善职工福利制度，注重对职工的人文关怀和心理疏导服务，在做好物质服务、生活服务的同时提供更高水平的精神和文化服务；三是要加强困难职工帮扶和脱贫攻坚工作，分类做好城市困难职工解困脱困工作，推动解决区域性、行业性的集中连片地区困难职工脱贫问题。

——“前进动力”就是不断深化工会改革创新。习近平总书记指出，改革开放只有进行时，没有完成时。改革创新是时代发展的最强音。工会改革创新也必须在已经取得阶段性成绩的基础上，继续深化推进，为工运事业发展提供不竭动力。报告从三个方面对工会深化改革提出具体要求，一是要上下联动、整体推进工会改革，要求加强与中央和地方机构改革衔接协调，推动工会改革顶层设计和基层探索良性互动、有机结合，强化优化职能，聚焦主责主业。二是积极建设智慧工会，运用大数据、云计算、物联网、人工智能等手段推进工会工作，促进互联网和工会工作融合发展，锻造工会工作升级版。三是要不断夯实基层基础，坚持落实到基层、落实靠基层的理念，把工作力量、经费使用等进一步向基层倾斜，加强基层工会规范化建设。

——“重要保障”就是加强工会系统党的建设。习近平总书记在党的十九大报告中强调“打铁必须自身硬”，工会系统党的建设抓好了，就能为工会更好履职尽责提供强大保障。对推进工会系统党的建设，报告从四个方面提出了具体要求，一是要从严从实加强工会系统党的建设，认真履行管党治党政治责任，提高工会系统党的建设质量，坚持党建带工建，强化工会基层党组织建设，扎实推进工会系统党风廉政建设和反腐败工作。二是要深化工会干部队伍建设，完善工会干部培养、交流和使用制度，打造一支高素质专业化的工会干部队伍。三是要驰而不息抓好工会作风建设，大兴调查研究之风，健全完善常态化联系职工群众制度，面对面、心贴心、实打实做好职工群众工作。四是要加强工会港澳台工作和外事工作，深化同港澳台工会和职工的交流合作，加强工会和职工对外交流交往，为推动构建人类命运共同体作贡献。

其中，“根本原则”是总体性的，第一位的。“时代主题”是在保证正确政治方向的前提下，实现党的十九大确立的目标任务的重要举措。“基本职责”是调动广大职工积极性、主动性、创造性，践行“时代主题”的基础性工作。“前进动力”是激发工会组织活力、更好履行“基本职责”的重要动力。“重要保障”是推动工会改革创新，增强工会组织政治性、先进性、群众性，夯实党执政的阶级基础和群众基础的重要条件。这几个方面互相联系、彼此促进，共同构成了一个有机整体，紧扣当前工会工作面临的新形势、新任务，有效回应了广大职工的新期待、新要求，思路清晰明确、考虑周到细致，符合工会工作发展规律，是一个科学严谨的指导今后五年工会工作的路线图。

工会十七大报告主题鲜明、主线清晰，内容丰富、亮点突出，总结系统、部署全面，通篇贯彻了习近平新时代中国特色社会主义思想；第二部分逻辑严密、论述透彻，高度凝练地提出了习近平总书记关于工人阶级和工会工作的重要论述，充分体现了党中央的一系列指示精神；全面展现了中国工会十六大以来理论创新、实践创新、制度创新的成果；明确了今后五年的工会工作的总体要求与主要任务；充分发扬民主、集思广益，吸纳了工会上下、内外的智慧，回应了各级工会、职工群众的期待，反映了党委和政府的关切。因此，报告体现了政治性、思想性、指导性、实践性、群众性，既有理论高度，又有现实热度，既贯彻了中央要求，又反映了职工意愿，是一个能够经得起历史、实践、职工检验的报告。

各级工会要把深入学习工会十七大精神作为重要政治任务，原原本本、深入细致地反复学习，把学习大会精神与学习贯彻习近平新时代中国特色社会主义思想和党的十九大精神结合起来，与学习习近平总书记关于工人阶级和工会工作的重要论述结合起来，进一步把思想统一到党中央的决策部署和对工会工作的要求上来，把力量凝聚到贯彻落实工会十七大确定的目标任务上来。各级工会领导干部要带头做学习的模范、宣传的模范、贯彻的模范，切实加强组织领导，认真组织实施，掀起学习宣传贯彻工会十七大精神的热潮；要根据工会十七大提出的目标任务，紧密联系本地区、本产业、本单位工会工作实际，制定贯彻落实的具体措施意见，认真研究和抓好当前工作，积极思考筹划好今后工作，把工会十七大精神体现到各项工作中去，不断开创新时代工运事业和工会工作新局面。

五年来工会工作的主要成绩

张妍延

中国工会十六大以来的5年，在以习近平同志为核心的党中央坚强领导下，各级工会高举中国特色社会主义伟大旗帜，以邓小平理论、“三个代表”重要思想、科学发展观、习近平新时代中国特色社会主义思想为指导，贯彻落实党的全心全意依靠工人阶级方针，坚定不移走中国特色社会主义工会发展道路，围绕中心、服务大局，广泛开展劳动和技能竞赛，推动产业工人队伍建设改革，不断提高职工队伍整体素质，维护职工合法权益，竭诚服务职工群众，积极构建和谐劳动关系，深化工会改革创新，全面加强工会系统党的建设，广泛开展对外交流合作，工会各项工作取得显著成绩。

一、深入学习宣传贯彻习近平新时代中国特色社会主义思想和党的十八大、十九大精神，始终坚持工会工作正确政治方向

各级工会紧跟党的事业前进步伐，积极引导广大职工自觉用习近平新时代中国特色社会主义思想武装头脑，不断增强政治认同、思想认同、情感认同，始终在思想上政治上行动上同以习近平同志为核心的党中央保持高度一致。

深入学习宣传贯彻习近平新时代中国特色社会主义思想和党的十八大、十九大精神。各级工会坚持把学习贯彻党的十八

大、十九大精神作为第一堂党课、第一堂政治必修课，紧紧围绕习近平新时代中国特色社会主义思想，在学懂弄通做实上下功夫，牢固树立“四个意识”，不断增强“四个自信”，坚决维护习近平总书记党中央的核心、全党的核心地位，坚决维护党中央权威和集中统一领导。全总第一时间下发学习通知，通过召开党组会议、机关党员干部大会、工会系统电视电话会议，举办全国工会专题培训班和机关干部研修班等进行传达学习，全总党组、书记处同志带头进行宣讲。各级工会高度重视，迅速行动，充分运用工会报刊、网站、“两微一端”等媒介，以专栏、专版、专题、专稿、专访、视频直播等多种形式，兴起学习宣传贯彻热潮。将学习贯彻习近平新时代中国特色社会主义思想和党的十八大、十九大精神与学习贯彻习近平总书记关于工人阶级和工会工作的重要论述结合起来，引导工会干部和广大职工坚定不移听党话、矢志不渝跟党走。

在广大职工中深入开展主题宣传教育活动。以“中国梦·劳动美”为主题，结合迎接党的十九大、纪念抗战胜利 70 周年、建党 95 周年、长征胜利 80 周年、建军 90 周年、改革开放 40 周年，深入开展“永远跟党走”“喜迎党的十九大”“砥砺奋进的五年”“圆梦中国人”“学习宣传贯彻习近平新时代中国特色社会主义思想和党的十九大精神”等主题宣传教育活动，吸引上亿职工参与。组织宣讲团、报告会、文艺巡回演出，运用企业内部报刊、闭路电视、网站和宣传栏、橱窗、活动室等载体，形成强大宣传声势，推动习近平新时代中国特色社会主义思想和党的十八大、十九大精神进企业、进车间、进班组。通过全国上万家职工书屋示范点、10 余万家职工书屋，大力宣传党的理论和路线方针政策，传播先进文化。

牢牢掌握工会意识形态工作领导权。各级工会切实履行意识形态工作责任制，全总研究制定贯彻落实意识形态工作责任制的具体实施意见，压实属地管理和主管主办责任；全总各相关部门和单位建立起贯彻落实意识形态工作责任制的工作机制。2016年以来，全总党组定期开展专题督查，向党中央专题报告落实意识形态工作责任制情况。加强工会意识形态阵地管理，开展全总主管期刊的审读工作，工会意识形态工作得到进一步加强。

以理论创新推动实践创新、制度创新。各级工会按照党中央对工会工作提出的新要求，探索新时代工运事业和工会工作的特点规律，把握新时代社会主要矛盾的变化，分析不平衡不充分发展在职工队伍、劳动关系和工会工作中的特征表现，摸清新技术条件、新生产方式、新企业组织形式下职工权益实现状况，开展创新群众工作体制机制和方式方法、增强政治性先进性群众性重大课题研究，不断推进工会理论创新。加强对习近平总书记关于工人阶级和工会工作的重要论述、关于群团工作和群团改革重要指示精神的学习和研究。编写出版《新时代新使命新作为——深入学习贯彻习近平总书记关于工人阶级和工会工作的重要论述》《党的十九大精神职工学习问答》等书籍。大兴调查研究之风，持续开展深入广泛的调查研究活动，俯下身、沉下心、走基层，察实情、出实招、真办事。开展第八次全国职工队伍状况调查，聚焦职工队伍发展变化的新情况、新趋势、新特征，分析研究职工队伍建设遇到的重大理论和实践问题，为推进工会改革创新、增强工会活力提供实证支撑。

二、团结动员亿万职工充分发挥主力军作用，为决胜全面建成小康社会作出重要贡献

广大职工以高度的主人翁责任感和历史使命感，始终走在

时代前列，踊跃投身改革发展，用劳动筑梦，以实干圆梦，为推进中国特色社会主义伟大事业作出了重要的历史贡献。

组织动员广大职工开展劳动和技能竞赛。全总制定印发《中华全国总工会2016—2020年劳动和技能竞赛规划》，紧紧围绕"一带一路"建设、长江经济带发展、京津冀协同发展等国家重大战略，以"当好主力军、建功'十二五'""践行新理念、建功'十三五'""当好主人翁、建功新时代"为主题，开展全国引领性劳动和技能竞赛。在金沙江水电开发、港珠澳大桥等工程建设中开展重大工程劳动和技能竞赛；在上海浦东新区、天津滨海新区等8个国家级新区开展了促进区域发展劳动和技能竞赛；开展了多种形式的职工节能减排活动和以创建"工人先锋号"为载体的班组竞赛活动。主办第四届、第五届、第六届全国职工职业技能大赛，参与主办三届全国数控技能大赛、全国智能制造应用技术技能大赛、第二届全国工业机器人技术应用技能大赛，推动和指导京津冀技能大赛。五年来，各级基层以上工会开展技能比赛吸引1.41亿人次职工参赛，581.3万人次的职工通过技能比赛提升技术等级；全国基层企事业工会开展劳动和技能竞赛的有488.1万家，参加竞赛的职工有5.2亿人次。

广泛开展群众性经济技术创新活动。各级工会围绕创新驱动发展战略和"中国制造2025"，广泛开展合理化建议、技术攻关、技术革新、发明创造等群众性经济技术创新活动。五年来，全国职工提出合理化建议6224.6万件，已实施合理化建议3634.2万件，技术革新项目349.0万项，发明创造项目111.7万项，推广先进操作法的项目有99.1万项。举办创业创新国际博览会，组织开展全国职工创新成果评选表彰。职工技术创新成果获得国家专利项目70.6万件，荣获国家级奖项144项，省部级奖项6343项。由全总推荐的一线技术工人技术创新成果，7项荣获国家科技进步奖；3名技术工人获得首届全国创新争先奖状；1项职工发明专利获中国专利奖金奖。各级工会着力推动设立职工创新补助资金，支持职工技术创新项目90个。

三、充分发挥工会“大学校”作用，促进职工队伍整体素质全面提升

各级工会着眼于加快建设人才强国和实施创新驱动发展战略，把提高职工技术技能素质摆在重要战略位置，强化技术技能人才对发展的重要支撑作用和对科技创新的核心作用，通过积极推进产业工人队伍建设改革，着力打造一支有理想守信念、懂技术会创新、敢担当讲奉献的宏大的产业工人队伍。

积极推进产业工人队伍建设改革。根据党中央部署，全总牵头，会同有关部门起草《新时期产业工人队伍建设改革方案》（以下简称《改革方案》）。2017年4月中共中央、国务院颁布《改革方案》后，全总迅即全方位、多频道同步开展宣传工作，广泛传递党中央推进产业工人队伍建设改革的决策部署，引导全社会关心支持和参与产业工人队伍建设改革。全总认真履行牵头职责，主动与相关部委沟通协商，做好宏观指导、政策协调、组织推进、督促检查工作。各省（区、市）工会积极推动党委和政府抓好贯彻落实《改革方案》工作，普遍制定出台贯彻落实《改革方案》的实施方案或意见。全总和人社部共同研究起草，并分别以中办、国办名义印发了《关于提高技术工人待遇的意见》，以国务院名义印发了《关于推行终身职业技能培训制度的意见》。

大力弘扬劳模精神、劳动精神、工匠精神。各级工会在劳模选树、评选表彰工作中，认真履行规定程序、严把人选审查

推荐关，切实做到公开公平公正，确保推荐人选质量，顺利完成2015年党中央、国务院表彰的2968名全国劳动模范和先进工作者推荐工作。五年来，全总共授予全国五一劳动奖状1428个、全国五一劳动奖章5044个、全国工人先锋号5013个。切实关心关爱劳模，共组织29349名劳模参加疗休养活动，发放全国劳模专项补助资金13.386亿元。开展深化劳模和工匠人才创新工作室创建活动，县级及以上地方工会命名劳模创新工作室1.8万家，为劳模和工匠人才传播劳动技能、创新方法、管理经验搭建了平台。与中央电视台合作推出6季《大国工匠》和8集《大国工匠》专题片，宣传大国工匠48名；与国家网信办联合开展“中国梦·大国工匠篇”大型主题宣传活动。联合教育部开展“大国工匠进校园”活动，举办了13场示范性活动，组织大国工匠与职校师生面对面交流，并将活动向省市延伸。

大力提升职工技术技能素质。围绕人才强国战略，实施职工素质建设工程五年规划，制定下发意见，明确要求各级工会把普遍提高技术工人技能素质与培养高技能创新领军人才相结合。五年来，全国选树技能带头人271.1万人，师徒结对345.8万对；各级工会组织技术培训班38.2万场次，培训职工3463.8万人次，其中444.3万人次提升了技术等级。30个省级工会开展“工匠人才”培养选树工作，选树省级工匠人才2012名。开展农民工“求学圆梦行动”，已有40.6万农民工提升学历水平。推动完善现代职业教育制度，改革职业技能培训制度，改进产业工人技能评价方式，统筹发展好职业院校教育和职业培训，推动产教融合协同育人工作向更大范围拓展。依托企业建设一批产业工人技能实训基地，着力畅通产业工人职业发展通道，源源不断输送高技能人才。

在广大职工中培育和践行社会主义核心价值观。创新思想政治工作思路理念和形式载体，通过开设专版、专栏、专题，推出出版物和微感言、微故事、微视频、随手拍、拍摄公益广告等方式，充分运用“互联网+”“两微一端”等新载体，推动思想政治工作融入日常、做到经常。在职工中进行爱岗敬业、甘于奉献的职业精神教育，引导和培育健康文明、昂扬向上的职工文化。开展全国职工职业道德建设评选表彰活动，共评选表彰全国职工职业道德建设标兵单位60个、标兵个人60名。配合中宣部、中央文明办，做好第六届全国道德模范评选表彰工作，连续4年共联合发布宣传51名全国“最美职工”，广泛开展“培育好家风——女职工在行动”主题实践活动，深入推进家庭文明建设。积极培育叫响职工志愿服务品牌，广泛开展学雷锋志愿服务活动。目前全国职工志愿服务人员注册人数超过280万人，职工志愿服务队伍注册达300支以上。

引导职工群众尊法学法守法用法。大力推进实施“六五”“七五”普法规划，坚持面向基层，加大普法力度。利用国家宪法日和法律宣传月、宣传周、纪念日等活动和形式，广泛开展全国职工法律知识竞赛、演讲比赛、文艺展演展播和文艺下基层等法律普及活动。全国工会系统共建设普法网站或在网站开辟普法专栏3303个，开设普法微博或加载普法功能的微博1085个，开通专门普法微信或加载普法功能的微信公众号1435个。“六五”普法中，各级工会组织开展法治讲座、法律咨询、法律知识竞赛等活动19.5万场次，1.45亿人次参与活动，发放各类普法宣传资料近1亿份。2017年以来，全总联合教育部在全国范围内组织实施“尊法守法·携手筑梦”服务农民工法治宣传行动，联合司法部、全国律师协会开展“尊法守法·携手筑梦”服务农民工公益法律服务行动，现场法治宣传服务农民工

31.6万人次，新媒体法治宣传服务484.9万人次，提供法律援助服务83.9万人次。

四、健全完善维权服务工作体系，切实履行工会基本职责

各级工会高举维护职工合法权益的旗帜，树立职工利益无小事理念，围绕职工最关心最直接最现实的利益问题开展工作，叫响做实“职工有困难找工会”，不断增强维权意识，提升服务效能，以维权服务的成效打动人心、温暖人心、凝聚人心、赢得人心。

大力推动职工群众实现高质量就业。全总参与化解过剩产能、深化国有企业改革、新就业形态等相关政策的研究和制定，对政策的实施开展跟踪调研，多渠道反映职工利益诉求。在全国范围内深入实施全国工会就业创业服务月、技能培训促就业、阳光就业等活动，完善京津冀蒙工会跨区域劳务协作，建立东北地区与东部地区对口就业合作机制，初步构建起区域间工会就业合作框架。五年来，各级工会组织专场招聘活动上万场，提供技能培训、职业介绍、政策宣传、创业扶持等就业服务达3200万人次，其中就业技能培训超过1000万人次。

积极参与深化收入分配制度改革。通过劳动关系三方机制、深化收入分配制度改革部际联席会议、全国人大财经委等平台，提交职工收入情况报告及政策建议。制定下发《全国总工会关于工会积极参与深化收入分配制度改革工作的指导意见》。积极参与最低工资标准调整和实施的监督，推进完善工资支付保障制度，努力解决工资拖欠问题，有效维护广大职工的劳动经济权益。

切实维护职工社会保障权益。先后参与《工伤保险条例》

《失业保险条例》《企业年金办法》《住房公积金管理条例》《关于进一步做好建筑业工伤保险工作的意见》等政策法规的制定和修改，重点就降低企业社保负担和化解产能过剩过程中职工社会保障权益维护、养老保险顶层设计和深化医药卫生体制改革等，充分表达职工诉求，提出工会意见。

促进职工劳动安全和职业健康。通过参与《安全生产法》《矿山安全法》《中共中央、国务院关于推进安全生产领域改革发展的意见》《职业病防治法》《国家职业病防治规划（2016—2020 年）》等 80 余部法律法规政策的制定修订，维护职工的劳动安全和职业健康权利。组织开展以“安康杯”竞赛为载体的群众性安全生产活动，开展隐患排查治理、班组安全建设、安全生产合理化建议、安全管理优秀成果展示、安全健康知识普及、安全技能培训和安全文化建设等活动。“安康杯”竞赛活动开展 20 年来，从最初的几千家企业、几百万职工，已发展到目前参赛企业达 62.5 万家，参赛职工达 1.2 亿人次。工会劳动保护监督检查员队伍不断壮大，截至 2018 年 6 月底，各地区基层以上工会劳动保护监督检查员达 20.1 万名，各企事业单位设立劳动保护监督检查委员会 116.0 万个，工会小组劳动保护检查员 227.6 万名。五年来，各级工会参加安全生产检查 3292.4 万次，提出事故隐患和职业危害整改意见 1482.6 万条，参加职工伤亡处理 73.8 万件。

困难职工帮扶工作成效显著。先后参加《社会救助暂行办法》《慈善法》等有关社会救助、社会福利、社会公共服务方面的法律法规政策制度的研究制定修订。加强困难职工帮扶与社会救助体系衔接，将困难职工纳入政府救助覆盖范围。工会建档立卡的困难职工已经由 2013 年 6 月的 489 万户下降到 2018 年 1 月的 247 万户。送温暖、金秋助学、农民工平安返乡等帮扶工作品牌创新发展，五年来，全国工会共筹集送温暖资金202.2亿元，走访慰问企业103.41万家、走访职工家庭4152.9万户；共筹集金秋助学资金56.79亿元，发放助学款54.81万元，资助困难职工和困难农民工子女286.92万人。拓展工会帮扶中心功能，与政府有关部门建立协同机制，全国已建立3544个工会困难职工帮扶（职工服务）中心，共筹集帮扶资金200.22亿元，帮扶困难职工3620.27万人次。

工会服务农民工工作持续向精准化方向推进。成立全总农民工工作领导小组，制定印发贯彻落实进一步做好为农民工服务工作的实施意见以及《农民工工作规划（2016—2020年）》等文件，把为农民工服务工作经费纳入项目预算管理。在全总十六届四次执委会议上，选举农民工巨晓林为全总兼职副主席。目前有4名农民工担任全总执委，北京等13个省（区、市）总工会配备了农民工兼职副主席，275名农民工当选全国劳动模范，862名农民工荣获全国五一劳动奖章。开展农民工入会集中行动，农民工会员已从2013年的1.08亿增加到2017年的1.4亿。五年来，各级工会为1130.6万名农民工追回被拖欠工资及补偿金935.14亿元。地方工会将服务农民工触角不断向镇（街）总工会、开发区（工业园区）工会帮扶站（点）延伸。在技能培训促就业活动中，培训农民工464.42万人次，成功介绍258.18万人就业；帮助农民工平安返乡2049.8万人次，为农民工争取返乡补贴5.42亿元。据不完全统计，2016年以来，各级工会采取自建、共建等方式建设户外劳动者服务站点22235个，累计投入3亿多元，服务以农民工为主体的户外劳动者群体334.47万人。

充分发挥工会资产服务职工效能。各级工会按照工会资产“回归公益、聚焦主业、自主经营、依法监管”的工作要求，盘活现有工会资产，强化工会资产服务基层、服务职工功能。在全国范围内集中开展工人文化宫、工人疗休养院清理整改工作，恢复和拓展职工文化教育、疗休养服务项目。加强规范职工互助保障活动管理工作，研究制定《关于加强规范职工互助保障活动管理的意见》。加强工会本级企事业资产监督管理工作，坚持和完善经营业绩考核制度，积极稳妥推进工会系统经营类事业单位改革。五年来，全国工人文化宫（俱乐部）、工人体育场馆共有22182.86万人次参加活动；工人疗休养院接待职工和劳模1835.36万人次；工会院校、职工学校和职工技能培训机构共培训各类职工1445.29万人次；职工互助保障组织共有入会职工8600.69万人次。

切实维护女职工合法权益和特殊利益。着力做好女职工就业创业服务，在“工会就业创业援助月”活动中设立家政服务招聘专场、举办月嫂职业资格培训班等，加大对下岗女职工就业援助和职业技能培训力度。广泛开展女职工维权行动月活动、普法宣传、女职工专项集体合同集中要约和监督检查等工作。截至2017年底，全国共签订女职工专项集体合同136.6万份，覆盖女职工7999.9万人。联合国家卫生计生委等10部门制定《关于加强推进母婴设施建设的指导意见》，推动职工子女托管服务、家政服务、企业性别平等机制建设和企事业单位女职工休息哺乳室建设等工作。全国建立女职工休息哺乳室的基层企事业工会29.6万个，涵盖单位62.3万家，覆盖女职工1849.4万人。

在脱贫攻坚中切实发挥作用。各级工会组织在贫困地区水利、交通、电力等重点项目建设和脱贫攻坚工程中，组织动员职工开展劳动和技能竞赛活动，助力贫困地区经济社会发展。在有条件的贫困村、卫星工厂、扶贫车间、易地扶贫搬迁集中安置点组建工会，组织符合条件的贫困群众加入工会组织，通过帮扶救助和各类服务，帮助贫困人口稳定脱贫。组织动员各级劳模、先进集体通过产业扶贫、就业扶贫、教育扶贫、医疗扶贫、扶贫捐赠等方式，帮助贫困村和贫困群众脱贫。

五、加大源头参与力度，积极推动构建和谐劳动关系

各级工会积极代表广大职工群众参与立法和政策制定，参与加强和创新社会治理，推动构建和谐劳动关系，促进实现社会公平正义，切实维护职工队伍和社会稳定。

推动涉及职工权益的立法和政策制定。五年来，全总先后参与了《民法总则》《失业保险条例》《安全生产法实施条例》《住房公积金管理条例》《人力资源市场暂行条例》《劳务派遣暂行规定》《企业年金规定》等近百项法律法规规章的制定与修改工作。各级地方工会加大参与力度，推动制定出台了一批保障职工和工会权益的地方性法规规章。各级地方工会参与制定地方性法规、规章 1042 个，地方性规范文件 2616 个。截至 2017 年底，全国各省（区、市）已经颁布了 35 部企业民主管理方面的地方性法规，30 个省（区、市）人大或政府出台了 41 部集体协商地方性法规或政府规章，15 个省（区、市）颁布了工资集体协商条例或政府规章，6 个省出台了工会劳动法律监督专项地方性法规。

推动健全社会主义协商民主制度。印发《中华全国总工会关于进一步完善政府和工会联席会议制度的意见》，全国 31 个省（区、市）建立了政府和工会联席会议制度，7 个驻会全国产业工会与相关部委、相关产业局（行业协会或联合会）建立了联席会议制度。制定《2014—2018 年全国厂务公开民主管理

工作五年规划》《2014—2018 年职工代表培训规划》，推动企业民主管理工作建制扩面、提质增效。截至 2017 年底，全国建立职代会或职工大会制度的基层企事业工会有 225. 2 万个，覆盖职工 2. 5 亿人；实行厂务公开的基层企事业工会有 220. 0 万个，覆盖职工 2. 4 亿人。制定《中华全国总工会关于深入推进非公有制企业民主管理工作的意见》，推行区域（行业）职代会制度，不断扩大民主管理制度对小微企业的有效覆盖。

推动集体协商制度提质增效。制定《深化集体协商工作规划（2014—2018 年）》和《关于提升集体协商质量增强集体合同实效的意见》。20 个省（区、市）将集体协商工作纳入地方党政目标考核体系，31 个省级协调劳动关系三方开展“联合行动”推进集体协商工作，建立健全集中要约、督促检查、考核评价、工作台账等制度。截至 2018 年 6 月，全国共签订集体合同 159. 3 万份，覆盖企业 402. 1 万个，覆盖职工 1. 9 亿人。省、市、县三级集体协商指导员体系已经基本建成，截至 2017 年底，全国专兼职指导员达到 4. 7 万人，其中专职 7304 人。

推动协调劳动关系三方机制发挥作用。巩固和完善省（区、市）三方机制，大力推进地市、县三方机制建设，积极稳妥发展街道、乡镇、社区和工业园区三方机制。截至 2017 年底，全国共有各级三方机制 22185 个，其中省级 32 个，地市级 364 个，县级 2564 个，街道、乡镇、村、社区、工业园区三方机制 15282 个。全总参与《中共中央国务院关于构建和谐劳动关系的意见》的制定和实施方案分工，20 个省（区、市）成立了由同级政府领导担任主任的协调劳动关系三方委员会。建立工会劳动关系发展态势监测和分析研判机制，推动国家协调劳动关系三方对劳动关系发展态势开展定期研判，开展全国模范劳动关系和谐企业和工业园区表彰。

扎实做好劳动争议预防和处理工作。全总会同人社部、中央综治办、最高院等8部委共同下发《关于进一步加强劳动人事争议调解仲裁完善多元处理机制的意见》。组织实施全国工会法律人才扶植培养财政资金项目，开展劳动关系协调员（师）专项培训，加强劳动争议调解员队伍建设。截至2018年6月，全国建立各类劳动争议调解组织99.8万个，担任兼职仲裁员的地方工会干部1.5万人。五年来，全国各类劳动争议调解组织受理劳动争议203.6万件。

加强工会劳动法律监督力度。全总配合全国政协开展了“劳动法律法规贯彻执行情况”委员视察工作。各级工会通过发出工会劳动法律监督意见书和建议书，积极开展劳动用工法律风险体检活动，督促用人单位整改劳动违法问题。截至2017年底，全国建立工会劳动法律监督组织103.3万个，共有工会劳动法律监督员205.7万名，工会劳动保障法律监督员140.4万名。五年来，全国工会劳动法律监督组织受理违法、违规案件84.7万件。

坚决维护职工队伍和工会组织的团结统一。开展职工队伍稳定风险调研排查化解专项工作，制定印发关于预防和参与处置职工群体性事件的有关办法，指导各地工会健全完善信息报送、预警排查、分析研判、应急处置等工作制度，协助党政妥善处置职工群体性事件。制定《关于加强新形势下工会信访工作的意见》《关于深入推进工会领导干部接待职工群众来访的意见》等文件。

六、深化工会改革创新，进一步增强工会组织吸引力凝聚力战斗力

各级工会牢记忠诚党的事业、竭诚服务职工的职责使命，

聚焦增强政治性、先进性、群众性，推动工会系统改革自上而下、自下而上有机结合，从制约工会组织发展最突出的矛盾入手，从职工群众反映最强烈的问题改起，在重点领域和关键环节改革上持续用劲发力，形成全面改革效应。

推进工会改革试点工作。贯彻落实《中共中央关于加强和改进党的群团工作的意见》和中央党的群团工作会议精神，按照中央改革办要求，2015 年 8 月，全总作为中央群团机关改革试点单位，认真研究制定《全国总工会改革试点方案》，加强组织领导，明确责任分工，有力有序推进改革试点工作，取得了重要阶段性成果，创造了一批可复制可推广的经验。上海、重庆市工会在地方群团改革试点中，如期顺利完成改革试点任务。习近平总书记主持召开中央全面深化改革领导小组第三十二次会议，听取全国总工会等改革试点工作总结报告，对试点工作给予充分肯定。通过召开工会系统改革工作推进会，下发指导文件，举办工会系统改革创新专题研讨班，对工会系统全面推进改革创新进行部署，地方和基层工会改革稳步推进。截至 2017 年底，31 个省（区、市）总工会参照全总改革试点方案，均已制定了改革方案，工会系统改革创新全面展开。

充分发挥党组织领导核心作用。健全全总党组向党中央请示、报告重要工作制度，制定全总党组向中央报告重要工作情况的报送清单，切实做到职工队伍重大情况、工会重要工作第一时间向党中央请示、报告。全总成立由党组书记任组长的全总党建工作领导小组。完善工会受同级党委和上级工会双重领导体制，积极主动加强与同级党委沟通，健全全总定期听取省级工会工作汇报和意见建议制度。

整合机构优化职能。改进工会领导机构人员构成，全总领导班子增设 1 名农民工兼职副主席和 1 名挂职书记处书记，全总十六届执委会委员和主席团成员中，劳模和一线职工比例分别为15.5%和12.0%。中国工会十七大代表中基层和一线职工比例提高到65.0%。各级地方工会在领导班子中配备兼职、挂职副主席。精简全总机关和事业单位编制，优化全总机关职能和机构设置，将原6个职能部门整合为3个，新成立网络工作部和社会联络部；推进事企分开，全总5个生产类事业单位转制为企业。畅通代表、委员参与会务渠道，实行工会代表、执委提案制度。优化干部结构，探索建立以专职干部为骨干力量、以兼职挂职干部为重要支撑的机关干部队伍，同时侧重从劳模和一线优秀工会工作者中考录、遴选工会干部。

夯实工会基层基础。制定《基层组织建设工作规划（2014—2018年）》，连续开展基层工会建设年、落实年活动和“强基层、补短板、增活力”行动，大力推广上海顾村经验，聚焦开发区（工业园区）、物流（快递）业等5大领域（行业），加大工会组建力度，深入推进货车司机等8大群体入会，截至2017年底，工会会员达3亿人，基层工会组织280.9万个，覆盖单位655.1万个。规范推进工会法人登记管理工作，组织实施统一社会信用代码制度，为工会组织依法开展民事活动、助推国家信用体系建设提供了基础性保障。制定新形势下加强基层工会建设的意见、增强基层工会活力发挥基层工会作用的指导意见、工会基层组织选举工作条例、会员会籍管理办法、推进基层工会组织和工会会员实名制管理工作方案等，规范基层工会选举工作，完善会员（代表）大会、会员评家制度。联合印发《关于加强工会社会工作专业人员队伍建设的指导意见》，截至2017年底，社会化工会工作者已达3.38万人。完善机关干部基层联系点、调查研究、基层挂职任职、定期接待群众来访、谈心和征求意见等5项直接联系群众制度，全总领导同志和机关各部门单位分别确定 1 个县级以下工会和 1 家企业工会作为基层联系点。地方工会探索建立工会服务职工满意度评价制度。

依托“互联网 +”建设工会网上工作平台。实施全国工会网上工作纲要，推动将工会网络安全与信息化重点工作纳入“十三五”国家政务信息化工程，建设“互联网 +”工会工作新平台，以“一片心、一叠卡、一张网、一个家”为抓手，深入推进“互联网 +”工会普惠性服务，建设会员实名制与普惠性服务综合管理系统，努力实现服务职工全方位全天候。积极开展网上教育和舆论引领，开通全总微博、微信公众号，开发移动客户端，推进全国工会新媒体建设，加强网络舆情监测和应对。

联系引导相关社会组织。拓展联系职工新途径新载体新方式，把对劳动关系领域社会组织的政治引领、示范带动和联系服务作为一项重要任务，会同有关部门联合开展调研，推动建设劳动关系领域社会组织数据库，开发建设全国工会社会组织工作信息服务平台。制定推进工会联系引导劳动关系领域社会组织工作意见，通过购买服务等方式，引导社会组织依法依规为职工提供专业优质高效的服务。

改进和完善工会经费使用和管理。加强预算编制和预算执行管理，逐步优化工会经费支出结构，确保更多的工会经费用于职工群众、保障重点项目、向基层一线倾斜。按照中央八项规定精神，制定《基层工会经费收支管理办法》，进一步明确开支范围、内容、标准和要求，较好地规范了基层工会经费收支管理问题。研究制定将更多的资金、资源向基层倾斜的制度办法，全国工会经费全年收入的 95% 留在地方和基层工会，全总本级工会经费全年收入的 70% 用于对下级工会的补助。探索建立工会经费差异化管理投入保障机制。坚持经审全覆盖，加大对重大政策落实、重大项目落地、重点资金保障、重要岗位领导干部经济责任等领域的审查审计监督力度。积极推进经审工作机制创新，统筹整合审查资源，创新经审方式方法，探索建立以工会内部审查为主体、以国家审计为指导、以社会审计为补充、以职工会员监督为基础的经审监督体系。

进一步深化同港澳台工会和职工的交流合作。服务于中央对港澳台工作大局，每年举办“海峡职工论坛”“港澳工会五一代表团”“港澳台工会青年研讨营”“港澳工会国情研习班”“海峡两岸职工创新成果展”等品牌活动，促进港澳工会更多融入国家发展大局，增进两岸职工心灵契合。五年来，全总共接待港澳台工会代表4500余人次，组派1200余人次到港澳台地区进行交流，全国各级工会近万名基层工会干部和优秀职工代表赴台交流访问。

七、全面加强工会系统党的建设，进一步营造风清气正的政治生态

各级工会贯彻新时代党的建设总要求，全面加强工会系统党的领导和党的建设，坚持党建工作和业务工作一起谋划、一起部署、一起督查、一起落实，切实履行“两个责任”，推动工会全面从严治党向纵深发展。

把党的政治建设摆在首位。成立由党组书记任组长的全总党建工作领导小组，构建党组书记负总责、分管领导分工负责、机关党委推进落实、各单位主要负责同志“一岗双责”的党建工作格局。修订《中共中华全国总工会党组工作规则》《中共中华全国总工会党组中心组学习制度》，制定全总党组议事内容目录和党组中心组学习目录，指导驻会全国产业工会等8个分

党组修订分党组工作规则。落实“三会一课”等党的组织生活制度，加强基层党组织队伍建设。扎实开展党的群众路线教育实践活动、“三严三实”专题教育，推进“两学一做”学习教育常态化制度化；坚决贯彻《中共中央政治局关于加强和维护党中央集中统一领导的若干规定》精神，严守党的政治纪律和政治规矩，坚定执行党的政治路线。五年来，全总党组和中心组集体学习180余次，《人民日报》等主流媒体多次作了报道。全总领导同志为机关和分管单位党员干部讲党课50余次，围绕全总重点工作和分管工作，开展调研680次、合计1550天，形成了一批调研成果。举办理论学习专题培训班16次，累计培训党员干部2730余人次。

深入推进工会系统党风廉政建设和反腐败工作。全总每年召开专题会议，研究部署全国工会系统党风廉政建设和反腐败工作。制定全总贯彻落实中央八项规定精神的实施办法，深入搞好警示教育，综合运用监督执纪“四种形态”，广泛开展约谈、函询、提醒谈话，严肃查处违纪违规行为，严肃问责履职不力的党员领导干部。2017年，全总机关纪委荣获“全国纪检监察系统先进集体”称号。

自觉接受巡视监督。2016年3月2日至4月30日，中央第十二巡视组对全总党组开展了专项巡视。全总从严从实、不折不扣落实整改要求，做到全面改、深入改，改到底、改到位。全面清理规范全总会议活动、评比表彰、期刊等，撤销了25个评比表彰项目，将全总所属的13个期刊撤并为5个。加强建章立制，在党的建设、干部人事管理、反腐倡廉、财务管理、资产监管经营等方面，共制定和修订190项制度。

八、广泛开展工会对外交流合作，中国工会国际地位和国际影响力进一步提升

紧紧围绕党和国家外交战略布局，立足工会组织特点，主动配合我国重大外交议程，深化劳动关系领域的国际交流与合作，广泛宣传中国特色社会主义工会发展道路，积极参与国际劳工治理，有效扩大我国工会的话语权和影响力，精心培植国际劳工界知华友华力量，为促进“一带一路”沿线国家民心相通、推动构建人类命运共同体发挥了积极作用。

积极推进多边合作框架下劳动关系领域的交流与合作。承办 2016 年二十国集团劳动会议，派团出席历届金砖国家工会论坛，2017 年在北京举办第六届金砖国家工会论坛，讲述中国故事，提出中国方案，维护国家利益。

积极服务“一带一路”建设。2015 年以来，举办“‘一带一路’构想与工会能力建设”世界工联青年干部培训班、“中非命运共同体和工会作用”非洲工会领导人培训班、“‘一带一路’建设和妇女在未来劳动世界的作用”世界工联妇女干部培训班；召开“经济增长 · 充分就业 · 体面劳动——丝绸之路沿线劳动者的呼声”工会国际研讨会，加强与“一带一路”沿线国家工会的互访交流。

积极参与国际劳工规则制定与亚太工会能力建设。先后于 2014 年、2017 年两次在国际劳工组织理事会工人组换届选举中成功连任，取得了工会外事工作重大成果。在第 107 届国际劳工大会上，将构建人类命运共同体、互利共赢等重要理念写入国际劳工大会文件。在历次理事会上，积极宣介“一带一路”倡议和构建人类命运共同体理念。

努力搭建产业职工国际交流平台。举办上合组织职工技能

大赛，促进上合组织国家职工技能提升。举办亚信国家航空业“放飞梦想，安全信任”安全监督管理专家研讨营、中哈“促进产能合作、推动技能发展”专家交流团访华，中缅“促进企业健康发展，构建和谐劳动关系”职工交流营等活动，拓宽了产业职工的国际交流渠道。

深刻理解习近平总书记关于工人阶级和工会工作重要论述的丰富内涵

李睿祎

学习贯彻习近平新时代中国特色社会主义思想，必须联系具体的工作实际。对于各级工会组织和广大工会干部来说，一个重要方面就是要结合职工队伍和工会工作实际，深刻学习领会习近平总书记关于工人阶级和工会工作的重要论述。

一、习近平总书记围绕工人阶级和工会工作提出了一系列新思想新观点新论断

习近平总书记始终高度关心重视工人阶级和工会工作，对工人阶级和工会工作的思考是一以贯之的，是在他丰富的政治历练和实践探索中不断推进的。在担任浙江省委书记、上海市委书记和中共中央政治局常委、中央书记处书记期间，他就围绕工人阶级和工会工作先后发表了重要讲话，作出重要指示。

——2003 年 4 月 8 日，时任浙江省委书记的习近平同志在浙江省工会第十二次代表大会上致祝词，强调要按照政治上保障、制度上落实、素质上提升、权益上维护的要求，使全心全意依靠工人阶级的方针在国家政治、经济和社会各方面得到更好的贯彻落实。2005 年 8 月，习近平同志专程到义乌市总工会调研工会维权工作，强调要坚持走中国特色社会主义工会发展

道路，健全和完善切实表达和维护职工合法权益的维权机制，最广泛地把职工组织到工会中来，建立稳定协调的劳动关系。2006 年，习近平同志对省总工会设立浙江省“五一劳动奖状”“五一劳动奖章”荣誉称号的请示作出批示，要求明确获奖者待遇，明确获奖者数量。

——2007 年 4 月 19 日，时任上海市委书记的习近平同志到上海市总工会调研，强调要最大限度地把职工群众团结在党的周围、最大限度地维护职工群众的合法权益，特别是要在构建和谐稳定的劳动关系、促进收入分配的公平合理、营造机会公平的就业环境等方面下功夫。2007 年 4 月 28 日，习近平同志出席上海劳动模范表彰大会并讲话，强调要始终坚持维护工人阶级主人翁地位不动摇，始终坚持发挥工人阶级的主力军作用不动摇。大力弘扬新时期劳模精神，进一步维护人民群众的各项权益。

——2008 年 10 月 17 日，时任中央政治局常委、中央书记处书记的习近平同志代表党中央在中国工会十五大上致祝词，明确指出工人阶级作为国家领导阶级的地位不能动摇，作为改革开放和社会主义现代化建设主力军的作用不能削弱，全心全意依靠工人阶级的根本指导方针不能改变；要坚定不移地走中国特色社会主义工会发展道路，切实维护好广大职工群众的合法权益，以改革创新精神进一步加强工会组织自身建设。2009 年 9 月 22 日，习近平同志在大庆油田发现 50 周年庆祝大会上讲话，指出要大力弘扬铁人精神，坚持贯彻党的群众路线，努力维护职工群众的经济权益、政治权益、健康权益和发展权益。2010 年 8 月，习近平同志对浙江传化集团构建和谐劳动关系的报道作出重要批示，指出构建和谐的劳动关系，是建设和谐社会的重要方面，特别是在当前有些企业劳资纠纷频发的情况下显得尤为重要。2011 年 8 月 15 日，习近平同志在全国构建和谐劳动关系先进表彰暨经验交流会议上发表重要讲话，指出构建中国特色和谐劳动关系，是坚持中国特色社会主义道路、贯彻中国特色社会主义理论体系、完善中国特色社会主义制度的重要组成部分。

习近平同志在党的十八大上当选为中共中央总书记以来，亲自谋划、亲自指导、亲自推动，领导召开党的历史上第一次中央党的群团工作会议，同全总新一届领导班子集体谈话，主持中央政治局会议、中央全面深化改革领导小组会议，审议通过加强和改进党的群团工作的意见、全总改革试点方案和新时期产业工人队伍建设改革方案等，亲临全总机关与劳模代表座谈、给中国劳动关系学院劳模本科班学员回信，多次在重要会议、重要场合围绕工人阶级和工会工作发表重要讲话、作出重要指示，科学回答了工人阶级和工会工作的一系列方向性、根本性、战略性重大问题，构成了系统理论，形成了习近平总书记关于工人阶级和工会工作的重要论述。

——2013 年 4 月 28 日，习近平总书记亲临全国总工会机关，与劳模亲切座谈，强调工人阶级是我国的领导阶级，坚持和发展中国特色社会主义，必须全心全意依靠工人阶级，工人阶级要始终做坚持中国道路的柱石、弘扬中国精神的楷模、凝聚中国力量的中坚。必须牢固树立劳动最光荣、劳动最崇高、劳动最伟大、劳动最美丽的观念，崇尚劳动，造福劳动者；工会工作要把竭诚为职工群众服务作为工会一切工作的出发点和落脚点，让职工群众真正感受到工会是“职工之家”，工会干部是最可信赖的“娘家人”。

——2013 年 10 月 23 日，习近平总书记在中南海同全国总工会新一届领导班子成员集体谈话，强调工会要坚持正确政治方向，牢牢把握为实现中华民族伟大复兴中国梦而奋斗的我国工运时代主题，做好维护职工群众切身利益工作，在坚持党的群众路线、密切联系职工群众方面作表率。

——2014 年 4 月 30 日，习近平总书记在乌鲁木齐接见劳动模范和先进工作者、先进人物代表，强调要在全社会大力弘扬劳动光荣、知识崇高、人才宝贵、创造伟大的时代新风，促使全体社会成员弘扬劳动精神，推动全社会热爱劳动、投身劳动、爱岗敬业，为改革开放和社会主义现代化建设贡献智慧和力量。劳动模范和先进工作者、先进人物不仅自己要做好工作，而且要身体力行向全社会传播劳动精神和劳动观念，让勤奋做事、勤勉为人、勤劳致富在全社会蔚然成风。

——2014 年 9 月 8 日，习近平总书记在《中共中华全国总工会党组关于落实习总书记重要指示加强基层工会建设调研情况的报告》上作出重要批示，要求工会从巩固党执政的阶级基础和群众基础的高度出发，着力扩大覆盖面、增强代表性，着力强化服务意识、提高维权能力，着力加强队伍建设、提升保障水平，切实增强工会组织的凝聚力，引导广大职工群众坚定跟党走。

——2015 年 4 月 28 日，习近平总书记在庆祝“五一”国际劳动节暨表彰全国劳动模范和先进工作者大会上发表重要讲话，高度评价工人阶级和广大劳动群众在中国特色社会主义伟大事业中的重要地位和作用，重申全心全意依靠工人阶级的根本方针，强调要始终弘扬劳模精神、劳动精神，始终坚持人民主体地位，始终实现好、维护好、发展好最广大人民根本利益，始终高度重视提高劳动者素质。

——2015 年 7 月 6 日，习近平总书记在中央党的群团工作会议上发表重要讲话，强调群团事业是党的事业的重要组成部分，新形势下党的群团工作只能加强、不能削弱，只能改进提高、不能停滞不前。要切实保持和增强政治性、先进性、群众性，组织动员广大人民群众更加紧密地团结在党的周围。

——2016 年 4 月 26 日，习近平总书记在知识分子、劳动模范、青年代表座谈会上发表重要讲话，强调要在全社会大力宣传劳动模范的先进事迹，为劳动模范更好施展才华、展现精神品格提供全方位支持；要勤于学习、善于实践，踏实劳动、勤勉劳动，不断提高综合素质，练就过硬本领；要大力弘扬劳动精神，提倡通过诚实劳动来实现人生的梦想、改变自己的命运。

——2017 年 2 月 6 日，习近平总书记主持召开十八届中央全面深化改革领导小组第三十二次会议，审议通过《新时期产业工人队伍建设改革方案》《关于全国总工会改革试点工作总结报告》。会议指出，要从巩固党的执政基础的高度，从促进我国经济社会持续健康发展的高度，加快产业工人队伍建设改革。全总要继续在建机制、强功能、增实效上下功夫，巩固改革成果。

——2017 年 8 月 22 日，习近平总书记对群团改革工作作出重要指示，要求各群团组织结合自身实际，紧紧围绕增强政治性、先进性、群众性，直面突出问题，采取有力措施，敢于攻坚克难，注重夯实群团工作基层基础，努力开创党的群团工作新局面。

——2017 年 10 月 18 日，习近平总书记在党的十九大报告中对党和国家事业发展作出全面部署，其中有很多与工人阶级和工会工作密切相关，包括重申我国是工人阶级领导的、以工农联盟为基础的人民民主专政的社会主义国家；完善职业教育和培训体系，深化产教融合、校企合作，建设知识型、技能型、创新型劳动者大军，弘扬劳模精神和工匠精神，营造劳动光荣的社会风尚和精益求精的敬业风气；注重从产业工人、青年农民、高知识群体中和在非公有制经济组织、社会组织中发展党员；完善政府、工会、企业共同参与的协商协调机制；创新群众工作体制机制和方式方法，推动工会、共青团、妇联等群团组织增强政治性、先进性、群众性，发挥联系群众的桥梁纽带作用；等等。

——2018 年 4 月 30 日，习近平总书记给中国劳动关系学院劳模本科班学员回信，高度肯定劳动模范为党和国家事业发展作出的突出贡献，殷切期望广大劳动模范珍惜荣誉、努力学习，继续拼搏、再创佳绩，用干劲、闯劲、钻劲鼓舞更多的人争做新时代的奋斗者；着重强调全社会都应该尊敬劳动模范、弘扬劳模精神，让诚实劳动、勤勉工作蔚然成风。

——2018 年 9 月 10 日，习近平总书记在全国教育大会上明确要求，要在学生中弘扬劳动精神，教育引导学生崇尚劳动、尊重劳动，懂得劳动最光荣、劳动最崇高、劳动最伟大、劳动最美丽的道理，长大后能够辛勤劳动、诚实劳动、创造性劳动。

二、学习宣传研究贯彻习近平总书记关于工人阶级和工会工作重要论述是工会组织的重要政治任务

对习近平总书记关于工人阶级和工会工作重要论述的提法进行提炼和概括，是广大工会干部和职工群众的强烈要求。2018 年 4 月至 5 月，全总组成 16 个调研督查组，就学习贯彻习近平新时代中国特色社会主义思想等情况开展集中调研督查，了解到广大工会干部和职工群众深入学习贯彻习近平总书记关于工人阶级和工会工作的重要论述的强烈愿望。大家一致认为，为便于更好学习、掌握和运用这一强大思想武器，有必要对

习近平总书记关于工人阶级和工会工作的重要论述进行系统的梳理和提炼，既充分体现这些重要论述的理论性、系统性、指导性、实践性，又更加简洁、鲜明、包容。在工会十七大报告起草小组先后召开的全总机关各部门及各直属单位、各全国产业工会、中央和国家机关工会联合会筹备组，以及赴各地召开的征求意见的座谈会上，大家一致认为，习近平总书记关于工人阶级和工会工作的重要论述系统完备，是推进新时代工运事业和工会工作的行动指南，有必要在工会十七大报告中进行概括阐述。

这次工会十七大报告对习近平总书记关于工人阶级和工会工作的重要论述的研究、阐释、梳理和概括，是在此前大量研究成果基础上形成的。李建国同志在 2013 年 12 月 5 日《人民日报》发表文章《牢牢把握我国工人运动的时代主题——深入学习贯彻习近平同志关于我国工人阶级和工会工作的重要论述》，用“六个必须”概括了这些重要论述；在 2015 年 4 月 29 日纪念全总成立 90 周年大会上，从九个方面阐释了这些重要论述；在 2017 年 1 月 16 日全总十六届五次执委会议上，用“十个关于”概括了这些重要论述。王东明同志在 2018 年 5 月 25 日中国劳动关系学院深入学习宣传贯彻习近平总书记回信精神座谈会、6 月 4 日全总十六届十六次主席会议、6 月 27 日全总集中调查督查情况汇报会等多个场合，从八个方面对习近平总书记关于工人阶级和工会工作的重要论述进行了梳理和阐释。李玉赋同志在《求是》2016 年第 1 期《忠诚党的事业　服务职工群众——深入学习贯彻习近平总书记关于工人阶级和工会工作的重要论述》的文章中，从十个方面概括了这些重要论述；在《中直党建》2017 年第 5 期《把握正确方向　坚持问题导向　以工会改革创新优异成绩迎接党的十九大胜利召开》的文章中，用“十个关于”解读了这些重要论述。2017 年 12 月全总编印了《习近平关于工人阶级和工会工作论述摘编》，从九个方面梳理了这些重要论述。

三、习近平总书记关于工人阶级和工会工作的重要论述的基本内涵

经过工会内外认真研究、逐步概括，工会十七大报告用“八个坚持”对习近平总书记关于工人阶级和工会工作的重要论述作了提炼、概括和阐释，即坚持党对工会工作的领导，坚持全心全意依靠工人阶级，坚持为实现中华民族伟大复兴的中国梦而奋斗，坚持中国特色社会主义工会发展道路，坚持弘扬劳模精神、劳动精神、工匠精神，坚持高举维护职工合法权益旗帜，坚持增强政治性、先进性、群众性的工会改革方向，坚持加强基层工会建设。

一是坚持党对工会工作的领导。

坚持党的领导，是做好工会工作的政治原则和根本保证。习近平总书记强调，中国共产党的领导是中国特色社会主义最本质特征，是中国特色社会主义制度的最大优势，党是领导一切的。做好群众工作，保持党同人民群众的血肉联系，是全党重大而紧迫的政治任务。工会工作是党的群团工作、群众工作的重要组成部分，是党治国理政的一项经常性、基础性工作。各级党委要加强和改善对工会的领导，注重发挥工会组织的作用，加大对工会工作的支持保障力度，为工会工作创造更加有利的条件。

中国现代工人运动是在中国共产党直接领导下发展起来的。中国工会自诞生之日起就同党的事业紧密相联，团结动员广大职工群众围绕实现党的纲领和不同历史时期确立的中心任务而

不懈奋斗。历史充分证明，只有在党的领导下，中国工人运动才能朝着正确方向前进，中国工会才能成为推动民族复兴、国家富强、人民幸福的时代洪流中的重要力量，中国工运事业才能蓬勃发展，不断从胜利走向胜利。

坚持党的领导，是政治立场和政治原则，也是工作准则和具体要求。工会所有工作最终都要体现到引导职工群众自觉坚持党的领导和社会主义制度上来，要体现到引导职工听党话、跟党走上来，通过扎实有效的工作让党的领导具体而深入地落实到职工群众中去，这也是工会工作的政治责任。

坚持党的领导，要旗帜鲜明地讲政治，深入学习贯彻习近平新时代中国特色社会主义思想，坚持用党的基本理论、基本路线、基本方略武装头脑、指导实践、推动工作，坚决贯彻落实党的大政方针和决策部署，增强“四个意识”，坚定“四个自信”，坚决维护习近平总书记党中央的核心、全党的核心地位，坚决维护党中央权威和集中统一领导，始终在思想上政治上行动上同以习近平同志为核心的党中央保持高度一致。

坚持党的领导，各级党委要把工会工作摆上重要位置，将工会组织建设纳入党建总体格局，健全党建带工建的领导机制和工作制度，定期听取工会工作汇报，帮助解决工会工作遇到的难题，赋予工会更多资源手段，选好配强工会领导班子，为工会更好地服务职工群众提供保障。

二是坚持全心全意依靠工人阶级。

坚持全心全意依靠工人阶级，是党和国家始终坚持的根本方针。习近平总书记强调，工人阶级是我们党最坚实最可靠的阶级基础，是我国的领导阶级。坚持和发展中国特色社会主义，必须巩固工人阶级的领导阶级地位，充分发挥工人阶级的主力军作用。全心全意依靠工人阶级要贯彻到党和国家政策制定、工作推进全过程，落实到企业生产经营各方面，做到在政治上保证、制度上落实、素质上提高、权益上维护，更好地把广大职工群众紧紧团结在党和政府周围。

我国工人阶级在推动社会前进的伟大进程中发挥了巨大历史作用。在自己的先锋队——中国共产党领导下，工人阶级积极投身革命、建设、改革的时代洪流，始终坚定地走在全民族伟大奋斗的最前列，作出了彪炳史册的杰出贡献，充分发挥了先进阶级的重要作用。特别是党的十八大以来，在以习近平同志为核心的党中央坚强领导下，工人阶级在实现中华民族伟大复兴中国梦的征程中众志成城、开拓进取，推动党和国家事业取得全方位的、开创性的历史性成就，发生了深层次的、根本性的历史性变革。中国特色社会主义进入新时代，这是包括工人阶级在内的广大人民奋斗出来的。

坚持全心全意依靠工人阶级，是我们党的一个突出政治优势，也是我们党的一贯主张。我们党在领导革命、建设、改革的伟大历史进程中，始终高度重视依靠工人阶级。新中国成立前夕，党的工作重心即将由农村转向城市，在这一关键的历史时刻，毛泽东同志在党的七届二中全会上提出，“我们必须全心全意地依靠工人阶级”。新中国成立后，我们党紧紧依靠工人阶级，顺利进行了社会主义改造，完成了从新民主主义到社会主义的过渡，确立了社会主义基本制度。社会主义革命和建设时期，我们党重视发挥工人阶级主力军作用，积极推进社会主义工业化进程，初步建立起独立的、比较完整的工业体系和国民经济体系。进入改革开放新时期以后，党中央旗帜鲜明地坚持依靠工人阶级方针，带领包括工人阶级在内的全国各族人民开启改革开放的历史征程，极大地解放和发展了社会生产力，开辟了中国特色社会主义道路，书写了国家和民族发展的壮丽史诗。不论时代怎样变迁，不论社会怎样变化，我们党全心全意依靠工人阶级方针都不能忘记、不能淡化，我国工人阶级地位和作用都不容动摇、不容忽视。

党的十八大以来，以习近平同志为核心的党中央坚持以人民为中心的发展思想和全心全意依靠工人阶级的方针，推出一系列重大战略举措，出台一系列重大方针政策，职工队伍不断发展壮大，主力军作用进一步彰显。同时随着改革的深化和社会主义市场经济的发展，在实际工作中，全心全意依靠工人阶级方针的贯彻、职工权益的实现和保障，遇到一些新情况新问题，职工权益受到侵犯的现象时有发生。在新的历史条件下坚持全心全意依靠工人阶级方针，关系到党执政的阶级基础和群众基础的巩固，关系到中国特色社会主义事业的兴衰成败，也关系到中国工运事业的未来发展，是亟须正确认识和处理好的重大原则问题。坚持全心全意依靠工人阶级，不能只当口号喊、标签贴，而要贯彻到党和国家政策制定、工作推进全过程，落实到企业生产经营各方面，做到在政治上保证、制度上落实、素质上提高、权益上维护。各级党委和政府要把全心全意依靠工人阶级方针贯彻到经济、政治、文化、社会、生态文明建设以及党的建设各方面，维护和发展劳动者的利益，保障劳动者的权利，坚持社会公平正义，排除阻碍劳动者参与发展、分享发展成果的障碍，努力让劳动者实现体面劳动、舒心工作、全面发展。

三是坚持为实现中华民族伟大复兴的中国梦而奋斗。

坚持为实现中华民族伟大复兴的中国梦而奋斗，是我国工人运动的时代主题。习近平总书记强调，实现中华民族伟大复兴，是中华民族近代以来最伟大的梦想，根本上要靠包括工人阶级在内的全体人民的劳动、创造、奉献。工会要牢牢抓住这个主题，把推动科学发展、实现稳中求进作为发挥作用的主战场，组织引导广大职工在改革发展稳定第一线建功立业。

中国梦表达了工人阶级的共同追求。党的十八大闭幕不久，习近平总书记在参观《复兴之路》展览时指出："实现中华民族伟大复兴，就是中华民族近代以来最伟大的梦想。"中国梦的本质是国家富强、民族振兴、人民幸福。中国梦是全国各族人民的共同心愿，更是长期以来我国工人阶级的不懈追求，在实现中国梦的进程中，工人阶级是重要依靠力量。中国梦的实现，也必将造福于工人阶级，使他们与全国人民在共享改革发展成果中不断增强获得感、幸福感、安全感。

中国梦的提出为我国工人运动指明了前进方向。中国共产党人的初心和使命，就是为中国人民谋幸福，为中华民族谋复兴。中国工会成立 90 多年的发展历程表明，正是由于我国工人运动始终沿着党指引的方向前进，始终围绕党的初心和使命，把实现党的目标作为历史使命和时代主题，才能蓬勃发展，工人阶级也才能不断发展壮大。为实现中国梦而奋斗，对于工人阶级而言，是时代的重托、历史的使命，最大限度地体现了广大职工的根本利益和长远利益，为工会组织团结动员广大职工发挥主力军作用、展现主人翁风采提供了宽广舞台。工会要牢牢把握工运时代主题，激发蕴藏在亿万职工群众中的聪明才智，在各自岗位上建功立业。

四是坚持中国特色社会主义工会发展道路。

坚持中国特色社会主义工会发展道路，是工运事业和工会工作发展的正确方向。习近平总书记强调，中国特色社会主义工会发展道路是中国特色社会主义道路的重要组成部分，深刻反映了中国工会的性质和特点，符合我国国情和历史发展趋势。要始终坚持这条道路，不断拓展这条道路，做到自觉接受党的领导、团结服务职工、依法依章程开展工作相统一，努力使这条道路越走越宽广。

中国特色社会主义工会发展道路是在党的领导下，中国工会经过长期实践探索，在改革开放新时期特别是在新世纪新阶段逐步形成的，是工会在各个历史时期理论、方针、政策和工作经验的集中概括，是中国特色社会主义道路在工会工作领域的具体展开，其内涵主要包括：坚持自觉接受党的领导、坚持工会的社会主义性质、坚持发展工人阶级先进性、坚持构建和谐劳动关系、坚持维护职工群众合法权益、坚持完善社会主义劳动法律、坚持推动形成国际工运新秩序、坚持以改革创新精神加强自身建设。这条道路深刻反映了中国工会的性质和特点。

习近平总书记在 2015 年 7 月 6 日中央党的群团工作会议上指出，中国特色社会主义群团发展道路，是中国特色社会主义道路在群团工作领域的具体展开，是在党探索中国特色社会主义工会发展道路、中国特色社会主义青年运动方向、中国特色社会主义妇女发展道路的长期实践中形成和发展起来的，符合我国国情和历史发展趋势。做好党的群团工作，必须毫不动摇坚持中国特色社会主义群团发展道路，全面把握“六个坚持”的基本要求和“三统一”的基本特征。“六个坚持”，就是坚持党对群团工作的统一领导，坚持发挥桥梁和纽带作用，坚持围绕中心、服务大局，坚持服务群众的工作生命线，坚持与时俱进、改革创新，坚持依法依章程独立自主开展工作。“三统一”，就是各群团自觉接受党的领导、团结服务所联系的群众、依法依章程开展工作相统一。习近平总书记这些重要论述，深刻揭示了中国特色社会主义道路、中国特色社会主义群团发展道路、中国特色社会主义工会发展道路的内在关系，表明中国特色社会主义工会发展道路的“八个坚持”的精神实质与中国特色社会主义群团发展道路的“六个坚持”基本要求和“三统一”基本特征是一致的。

坚定不移走中国特色社会主义工会发展道路，要准确把握其科学内涵、精神实质、基本要求，增强坚持和拓展这条道路的责任感和使命感，深刻理解坚持和拓展这条道路的历史必然性和现实必要性，不断巩固坚持这条道路的思想基础。要增强走中国特色社会主义工会发展道路的本领能力，加大理论探索和创新实践力度，不断深化对经济关系和劳动关系发展规律、工人阶级队伍发展规律、工人运动和工会工作发展规律的认识，积极回答关系工会工作发展的重大理论和实践问题，坚定不移地沿着这条道路奋勇前进。

五是坚持弘扬劳模精神、劳动精神、工匠精神。

弘扬劳模精神、劳动精神、工匠精神，是引领教育广大职工的重要抓手。习近平总书记深刻指出，国家的富强、社会的进步、民族的振兴，不仅要靠生产力的发展和物质财富的创造，也要靠先进思想和崇高精神的引领。在我们党团结带领人民进行革命、建设、改革各个历史时期，劳动模范作为工人阶级的优秀分子、闪亮群体，以高度的主人翁责任感、卓越的劳动创造、忘我的拼搏奉献，创造了不平凡的业绩，为全国人民树立了光辉的榜样，铸就了“爱岗敬业、争创一流，艰苦奋斗、勇于创新，淡泊名利、甘于奉献”的伟大劳模精神，生动诠释了创造、奋斗、团结、梦想的伟大民族精神。要树立劳动最光荣、劳动最崇高、劳动最伟大、劳动最美丽的理念，倡导辛勤劳动、诚实劳动、创造性劳动，尊敬劳动模范，用劳模的干劲、闯劲、钻劲鼓舞更多的人，激励广大劳动群众争做新时代的奋斗者，营造劳动光荣的社会风尚和精益求精的敬业风气。

习近平总书记从全社会、劳模和党员干部等各个角度对弘扬劳动精神提出了明确要求。2014 年 4 月 30 日，在乌鲁木齐接见劳动模范和先进工作者、先进人物代表时，首次提出了“劳动精神”，指出要促使全体社会成员弘扬劳动精神，劳动模范和先进工作者、先进人物要身体力行向全社会传播劳动精神和劳动观念，广大党员、干部要带头弘扬劳动精神。在 2018 年 9 月 10 日全国教育大会上指出，要在学生中弘扬劳动精神。

习近平总书记在 2016 年 4 月 26 日知识分子、劳动模范、青年代表座谈会上强调，要弘扬工匠精神，精心打磨每一个零部件，生产优质的产品；在党的十九大报告中指出，建设知识型、技能型、创新型劳动者大军，弘扬劳模精神和工匠精神，营造劳动光荣的社会风尚和精益求精的敬业风气。

习近平总书记关于劳模精神、劳动精神、工匠精神的重要论述，进一步发展了马克思主义劳动观，是引领教育职工、弘扬民族精神的重要抓手。要大力弘扬劳模精神、劳动精神、工匠精神，在全社会贯彻尊重劳动、尊重知识、尊重人才、尊重创造的重大方针，引导广大职工群众向劳模学习，树立辛勤劳动、诚实劳动、创造性劳动的理念，让诚实劳动、勤勉工作蔚然成风，让广大职工进一步焕发劳动热情、释放创造潜能，通过劳动创造更加美好的生活，以劳动托起中国梦。

六是坚持高举维护职工合法权益旗帜。

维护职工合法权益、竭诚服务职工群众，是工会组织的基本职责。习近平总书记强调，保障职工权益是我国社会主义制度的根本要求，是党和国家的神圣职责，也是发挥广大职工群众积极性、主动性、创造性最重要最基础的工作。工会要坚决维护职工合法权益，把竭诚为职工群众服务作为一切工作的出发点和落脚点。要发挥好协调劳动关系的作用，健全劳动关系协调机制，及时正确处理劳动关系矛盾纠纷。

工会是职工自愿结合的工人阶级群众组织，职工参加和组织工会的目的，是期望工会能够代表和维护他们的利益。工会是经济关系、劳动关系矛盾的产物，维护职工权益是由工会的属性和职工的意愿决定的，是工会组织安身立命之本，是工会的天然属性和生命线。如果不能有效地维护职工的利益，工会就不可能赢得职工的信赖和支持，就会失去它存在的前提和基础。从这个意义上讲，维护职工权益是工会运动的普遍规律和一般要求。在社会主义制度下，尽管全体人民的总体利益在根本上是一致的，但各种具体利益的差异和矛盾是普遍存在的，职工权益受到侵犯的现象时有发生，广大职工同样需要工会来代表和维护自己的利益。工会要赢得职工群众信赖和支持，必须高举维护职工合法权益的旗帜，积极推动构建和谐劳动关系，扎扎实实解决好职工群众最困难最忧虑最急迫的实际问题。

要满腔热情做好服务职工群众工作。当前我国社会主要矛盾已经转化为人民日益增长的美好生活需要和不平衡不充分的发展之间的矛盾。如何解决这些矛盾，解决好职工在民主、法治、公平、正义、安全、环境等方面日益增长的要求，满足人民日益增长的美好生活需要，就需要工会竭诚服务职工群众，积极主动做好服务职工群众的工作，这就是工会组织发挥作用的切入点。工会要坚持把工作重心放在广大职工身上，坚持职工需求导向，从大处着眼、小事做起，健全服务职工体系，努力为职工群众排忧解难，成为职工群众信得过、靠得住、离不开的知心人、贴心人、“娘家人”。

七是坚持增强政治性、先进性、群众性的工会改革方向。

增强工会工作和工会组织的政治性、先进性、群众性，是工会改革的方向，是推进工会工作创新发展的根本要求。习近平总书记强调，时代在发展，事业在创新，工会工作也要发展、也要创新。加强和改进新形势下工会工作，最重要的是要保持和增强政治性、先进性、群众性。政治性是工会组织的灵魂，先进性是工会工作的重要着力点，群众性是工会组织的根本特点。在建机制、强功能、增实效上下功夫，创新组织体制、运行机制、活动方式、工作方法，把工会组织建设得更加充满活力、更加坚强有力。

推进工会改革，是贯彻中央决策部署、推动群团改革的重要举措，是激发工会组织活力、推进工会工作全面创新的强大动力，是工会解决自身突出问题，更好地服务基层、服务职工群众的迫切需要。面对新形势新任务，工会组织还存在一些与形势任务不相适应的问题，与党的要求和职工群众期待还有差距。解决这些问题，根本上要靠改革。

推进工会改革，要切实保持和增强工会工作的政治性。政治性是工会组织的灵魂，是第一位的。工会要始终把自己置于党的领导之下，自觉维护党中央权威，坚决贯彻党的意志和主张，严守政治纪律和政治规矩，把坚持党的领导同工会组织依法依章程独立自主开展工作有机统一起来，承担起引导职工听党话、跟党走的政治责任，通过自身努力让党的领导通过工会组织具体而深入地落实到职工群众中去，为夯实党执政的阶级基础和群众基础作出贡献。要切实保持和增强工会工作的先进性。先进性是推进工会工作的重要着力点。工会承担着组织动员广大职工为完成党的中心任务而共同奋斗的重大使命，要牢牢把握为实现中华民族伟大复兴中国梦而奋斗的时代主题，把职工思想政治工作贯穿到各项工作中，组织动员职工走在时代前列，在改革发展稳定第一线建功立业。要切实保持和增强工会工作的群众性。群众性是工会组织的根本特点。要更多关注、关心、关爱普通职工，同职工零距离接触，把握职工所需所急所盼，全面了解职工共性需求和存在的普遍性问题，增进对职工群众的真挚感情。

八是坚持加强基层工会建设。

坚持加强基层工会建设，是工会工作彰显活力的基础和关键。习近平总书记强调，必须以职工为中心、让职工当主角，眼睛向下、面向基层，力量配备、服务资源向基层倾斜，着力扩大覆盖面、增强代表性，着力强化服务意识、提高维权能力，着力加强队伍建设、提升保障水平，切实增强工会组织的凝聚力。最大限度把农民工吸收到工会组织中来，使他们成为工人阶级坚定可靠的新生力量。

基层工会组织处在群众工作第一线，离职工最近，联系职工最直接，服务职工最具体，是工会工作的基础和关键。为深入调查工会工作特别是基层工会工作中存在的突出问题，2014年上半年，全国工会系统开展了以加强基层工会建设、发挥基层工会作用为主题的集中调研活动，了解到工会特别是基层工会对职工的覆盖作用不充分不到位，维权和服务的基础作用还没有完全发挥出来，基层工会建设与形势任务的要求和职工群众的期盼还有一定差距。近年来，各级工会以非公有制经济组织、社会组织、新产业新业态、开发区（工业园区）为重点领域，以农民工、货车司机等群体为重点对象，开展“强基层、补短板、增活力”工作和入会集中行动，工会组建实现新的突破。随着职工群众就业、生活、聚集方式日益多元化，新技术新业态新模式的大量出现，工会组织覆盖不到、覆盖不全，工会组建与企业发展不相适应等现象和问题日益凸显。加强基层工会建设，增强基层工会活力，做到哪里有职工群众、哪里就要有工会组织，哪里需要做群众工作、工会工作就跟进到哪里，任务依然繁重艰巨。

要充分激发基层工会活力。激发基层工会活力是基层工会发挥作用的重要基础。创新基层工会工作理念和方法，把工作做到所有职工群众中去，把更多职工群众吸引到工会中来、吸引到工会活动中来，使工会工作更贴近基层、贴近职工群众，更符合职工群众意愿。上级领导机关要加大支持与保障力度，坚持眼睛向下、面向基层，真正做到工作重心下移，力量配备、服务资源向基层倾斜，把更多的人力、物力、财力投入基层工会，着力解决基层工会任务重、人手少、经费不足等实际问题，为基层工会开展工作创造良好条件。

习近平总书记关于工人阶级和工会工作重要论述的八个方面，相互联系、有机结合、密不可分，共同构成了一个整体，其关键是坚持党的领导，根本是增强政治性、先进性、群众性，重点是维护职工权益、服务职工群众。这些重要论述意涵深刻、内容丰富，系统完备、科学辩证，涵盖了工会工作各领域、各方面，既坚持马克思主义经典作家关于群众工作的基本思想观点，又结合新时代特征丰富和发展了党的群众工作理论、工人阶级和工会工作理论，把我们党对工运事业和工会工作的规律性认识提升到一个新高度，是习近平新时代中国特色社会主义思想的重要组成部分，是新时代工运事业和工会工作创新发展的理论指导和行动指南。

正确把握今后五年工会工作的主要任务

陶志勇

中国工会十七大报告立足新时代、适应新形势，在正确分析和科学判断工会工作面临的国内国际形势的基础上，研究提出了今后五年工会工作的主要任务，即全面贯彻党的十九大精神，以习近平新时代中国特色社会主义思想为指导，深入学习贯彻习近平总书记关于工人阶级和工会工作的重要论述，坚持走中国特色社会主义工会发展道路，坚定政治方向，凝聚奋进力量；着力推进产业工人队伍建设改革，充分激发职工劳动热情和创造活力；着力做好工会维权服务工作，切实提升职工群众获得感、幸福感、安全感；着力深化工会改革创新，全面增强政治性、先进性、群众性；着力提高工会系统党的建设质量，把工会组织建设得更加充满活力、更加坚强有力。

工作任务的提出，与当前工会工作所处的历史方位、党和国家的工作大局和中心任务息息相关，也与当前劳动关系发展的新趋势、职工队伍发展的新变化密不可分。提出上述工作任务，其主要考虑是：全面贯彻习近平新时代中国特色社会主义思想和党的十九大精神，这是工会工作的首要政治任务；充分激发职工劳动热情和创造活力，团结带领广大职工在国家经济社会发展中发挥工人阶级主力军作用，这是新时代赋予工会组织的新使命；维护职工合法权益、竭诚服务职工群众是工会的基本职责，提升职工群众的获得感、幸福感、安全感，工会组织责无旁贷；改革是当今时代的最强音，坚持问题导向着力深化工会改革创新，这是增强工会工作和工会组织政治性、先进性、群众性的必由之路；党政军民学，东西南北中，党是领导一切的，提高工会系统党的建设质量，必将为工会工作提供坚强的政治保证。关于今后五年工会工作的每一项任务，都要着力从时代背景、现实问题、职工需求等角度去认识和把握。

一、深刻认识和把握学习宣传贯彻习近平新时代中国特色社会主义思想是工会组织的重大政治任务

习近平新时代中国特色社会主义思想是全党全国各族人民为实现中华民族伟大复兴而奋斗的行动指南，为推进新时代工运事业和工会工作提供了根本遵循，是各级工会组织和广大工会干部的强大思想武器。学习贯彻习近平新时代中国特色社会主义思想，要着重掌握“八个明确”的丰富内涵和“十四个坚持”的基本方略，着重掌握贯穿其中的马克思主义立场观点方法，推动学习贯彻习近平新时代中国特色社会主义思想往深里走、往实里走、往心里走。要与学习贯彻习近平总书记关于工人阶级和工会工作的重要论述结合起来，集中工会内外的力量，整合资源、多管齐下、精耕细作，聚焦坚持党对工会工作的领导，坚持全心全意依靠工人阶级，坚持为实现中华民族伟大复兴的中国梦而奋斗，坚持走中国特色社会主义工会发展道路，坚持弘扬劳模精神劳动精神工匠精神，坚持高举维护职工合法权益旗帜，坚持增强政治性、先进性、群众性的工会改革方向，坚持加强基层工会建设等内容，深入研究阐释习近平总书记关于工人阶级和工会工作的重要论述，不断推出具有重要理论影

响和指导作用的研究成果。

要建立健全学习贯彻的制度机制。健全完善传达学习制度，通过召开党组会议、党组理论学习中心组会议、干部职工大会等多种形式，努力使广大工会干部在第一时间学习习近平总书记重要讲话精神和党中央重要会议精神，工会领导干部要发挥示范和表率作用，带头学习、率先学习，先学一步、学深一点。建立完善日常学习制度，把学习贯彻习近平新时代中国特色社会主义思想贯穿于工会系统党建工作全过程，贯穿于“三会一课”、主题党日等各环节，通过举办专题培训班、研修班、集中轮训等方式加以制度化。建立健全面向基层和职工学习宣传制度，开展分层次、有梯度、有侧重的学习，经常深入基层、深入一线、深入职工，向职工群众面对面宣讲，组织劳动模范和基层工会干部，结合职工群众普遍关注的热点，现身说法，让身边人讲身边事，增进职工群众对习近平新时代中国特色社会主义思想的认知、理解、认同。充分发挥工会宣传教育阵地的优势和作用，运用好工会院校、工人文化宫、职工书屋以及报刊、出版物等阵地。工会院校作为工会系统学习研究宣传贯彻习近平新时代中国特色社会主义思想的重要阵地，要精心谋划、科学施教，着力抓好关键少数和重点班次的学习培训，持续推进习近平新时代中国特色社会主义思想进教材、进课堂、进头脑。工人文化宫要把学习贯彻习近平新时代中国特色社会主义思想与开展职工文化活动结合起来，通过举办知识问答、竞赛等职工喜闻乐见的活动，寓教于乐，增强宣讲的吸引力和感染力。规范发展职工书屋，做强电子书屋，及时配备和更新学习贯彻习近平新时代中国特色社会主义思想的书籍，拓宽职工学习的途径。开发、使用好互联网、手机等新媒体资源，通过在微博、微信、客户端等传播平台开辟学习专栏等，进行立体化、互动式理论宣讲，增强学习实效。

二、深刻认识和把握组织动员广大职工为实现党的十九大提出的目标任务建功立业

党的十九大确定了决胜全面建成小康社会、开启全面建设社会主义现代化国家新征程的目标，符合广大职工的根本利益和共同愿望。社会主义是干出来的，新时代也是干出来的。我国工人运动的时代主题，是为实现中华民族伟大复兴的中国梦而奋斗。工会组织要把坚持这一主题、实现党的十九大确定的目标任务，作为工会围绕中心服务大局、体现价值彰显作为的重要途径，在推动高质量发展中发挥广大职工的主力军作用、展示主人翁风采。

我国经济已由高速增长阶段转向高质量发展阶段，这为广大职工展现新作为提供了广阔舞台。要引导广大职工积极参加“当好主人翁、建功新时代”主题劳动和技能竞赛，发扬主人翁精神，干一行、爱一行、钻一行、专一行，踊跃投身“一带一路”建设、京津冀协同发展、长江经济带发展等国家战略，开展技术革新、技术协作、发明创造、合理化建议等活动，在振兴实体经济、实现高质量发展，打赢防范化解重大风险、精准脱贫、污染防治三大攻坚战中取得新成绩。要抓紧抓好提高职工队伍整体素质这项战略任务，拓展广大职工成长成才空间，引导广大职工树立终身学习理念，不断学习新知识、掌握新技能、增长新本领，在千帆竞发、百舸争流的时代洪流中勇立潮头，在不进则退、不强则弱的激烈竞争中赢得优势，在报效祖国、服务社会的精彩人生中有所作为。要把推进产业工人队伍建设改革作为服务大局的重要抓手，充分发挥工会在推进这项改革中的牵头协调作用，积极争取党委领导、政府支持，加强

与党政有关部门的协同配合，加强牵头抓总、统筹协调、分类指导、督促检查，确保各项改革举措落实到位，加快建设一支宏大的知识型、技能型、创新型产业工人大军。

三、深刻认识和把握坚持以职工为中心开展工会维权服务工作

把人民对美好生活的向往作为我们党的奋斗目标，是习近平新时代中国特色社会主义思想的重要内容。中国特色社会主义进入新时代，我国社会主要矛盾已经转化为人民日益增长的美好生活需要和不平衡不充分的发展之间的矛盾，这一关系全局的历史性变化，对党和国家工作提出了许多新要求，对工会工作也提出了新课题。工会组织要适应这一新变化，把不断满足职工群众的美好生活需要作为奋斗目标，切实加大维权和服务工作力度。

当前，我国职工队伍在规模不断壮大、结构深刻变化、素质逐步提升、权益得到实现的同时，出现了职工群众在收入分配、利益诉求、价值取向、思想观念等方面日益多样化、差异化的新特征。根据全总2017年开展的第八次全国职工队伍状况调查，职工队伍发展中出现了一些值得关注的新情况新问题，主要表现在职工队伍内部分层明显，阶层流动受阻，分化加大；职工就业形态日益多样，互联网催生职工“原子化”现象，职工就业压力明显增大；职工技术技能素质存在短板，素质总体偏低、结构分布不合理，职工提升技术技能缺乏激励保障机制；职工权益实现不够到位，保障水平亟待提高，困难职工和农民工群体生产生活问题突出；职工利益诉求日趋多元，对于社会状况、基本权利的认知和自身利益的诉求差异较大，民主参与渠道有待拓展；劳动关系复杂多样，劳动关系矛盾进入凸显期

和多发期；等等。所有这些，都要求工会坚持以职工为中心的工作导向，认真履行维护职工合法权益、竭诚服务职工群众的基本职责。要深化对职工队伍发展变化特点与规律的认识，有重点、有针对性地研究解决职工在劳动经济、精神文化、民主法治、公平公正、安全环境等方面多样化需求与不平衡不充分的发展之间的矛盾，不断强化服务职工群众的意识能力，从大处着眼、小处着手，建设好工会服务职工阵地，为职工群众提供普惠性、便捷性、精准性、常态性服务，把服务职工工作做得更细、更实、更具体。善于运用互联网、大数据、云计算、新一代人工智能等信息技术工具，通过“互联网+”工会建设，为职工群众提供高粘性、高频度、个性化、普惠性服务，实现服务职工全方位全天候。推动企业开展创建和谐劳动关系活动，建立健全以职代会为基本形式的企事业单位民主管理制度、厂务公开制度和职工董事职工监事制度，普遍开展工资集体协商，促进基础扎实、条件成熟的行业建立集体协商制度。运用法治思维和法治方式协调劳动关系，把劳动关系建立、运行、监督、调处等环节纳入法治化轨道。

需要关注的是，新就业形态劳动用工的井喷式发展，给我国劳动关系提出了新的课题。伴随着互联网技术进步与大众消费升级，我国出现了大量的平台化就业模式。党的十八届五中全会针对这种新型就业，首次提出了“新就业形态”的概念，与传统的“灵活就业”概念相分离，明确指出要“加强对灵活就业、新就业形态的支持”，反映出我国政策层面对共享经济下新就业形态的重视。新就业形态对中国这样一个劳动力大国而言，其意义不言而喻，它创造了大量工作岗位，提高了劳动者与企业之间的匹配效率，增加了弱势群体的就业机会，缩小了收入不平等，能够更好地平衡家庭与工作的关系。同时，新就业形态劳动用工也面临突出的问题，呈现出关系灵活化、工作碎片化、工作安排去组织化的特征，与传统就业形态中由企业组织生产、工作时间与工作场所相对固定的就业形态有较大差异，也不同于一般的劳务合同用工和非全日制用工，难以用现行的劳动法律关系加以界定。因此，必须创新劳动法律的理念和制度，加快修改完善《劳动法》和《劳动合同法》等法律法规，使之既能保障劳动者的合法权益，又能有效促进新经济的发展。

四、深刻认识和把握以增“三性”为方向深化工会改革

2018 年是改革开放 40 周年。改革开放是决定当代中国命运的关键一招，也是决定实现“两个一百年”奋斗目标、实现中华民族伟大复兴的关键一招。工会改革是全面深化改革的重要组成部分。锐意改革创新是工会组织永葆生机的根本动力。工会十六大以来特别是中央党的群团工作会议以来，全国总工会作为群团机关改革试点单位率先改革，取得了阶段性成果，为其他群团改革带了好头。此后，又扎实推进工会系统改革，各地工会都出台了具体的改革方案和举措，改革态势良好，为工会工作创新发展提供了强劲动力。

工会改革永远在路上。站在新的起点上谋划未来，推动工会工作取得更大发展，必须将工会改革进行到底。党的十九届三中全会对群团组织改革提出了新的要求。工会要认真贯彻落实《中共中央关于深化党和国家机构改革的决定》和《深化党和国家机构改革方案》，在构建体系、增强功能上做文章，在建机制、强功能、增实效上下功夫，在已有改革成效基础上不断深化，构建起联系广泛、服务职工的工会工作体系，增强工会

团结教育、维护权益、服务职工功能，切实把党中央关于深化工会改革的决策部署落到实处。

深化工会改革要聚焦增强政治性、先进性、群众性，在加强党的建设、改革领导机构、强化机关职能、改进干部管理、突出工会主业、推动力量资源向基层倾斜等重点领域和关键环节上抓紧抓好。落实改革新任务，要求工会必须以坚定的政治性引导职工，以鲜明的先进性组织职工，以广泛的群众性凝聚职工，组织动员广大职工成为全面深化改革的支持者、参与者、推动者，以更大力度、更实举措推进工会改革创新。把握政治性的要求，必须牢牢把握坚持党的领导这一核心，坚定不移走中国特色社会主义工会发展道路，在思想上政治上行动上同党中央保持高度一致，始终保持工会工作正确的政治方向。坚持党建带工建、工建服务党建，最大限度地把职工组织起来，凝聚在党的周围。工会组织的先进性是由工人阶级的先进性决定的。工会是党联系职工群众的桥梁和纽带，党的先锋队性质赋予它所领导的工会组织天然的先进性。体现先进性的要求，就是要服从服务党和国家工作大局，在全面建成小康社会中走在前列、勇挑重担，当好先锋、建功立业，充分发挥工人阶级的先进性和主力军作用。群众性是工会组织的本质特征。践行群众性的要求，就是要坚持把联系和服务职工群众作为工会工作的生命线，当好职工最可信赖的“娘家人”，把工会组织建设成为“职工之家”，使工会组织成为党执政的坚实依靠力量、强大支持力量、深厚社会基础。牢固树立落实到基层、落实靠基层的理念，推动工会改革向基层延伸。加大资源力量投入，坚持工会经费进一步向基层倾斜，推动解决乡镇（街道）、开发区（工业园区）工会机构设置、人员编制等问题。积极推行“上代下”维权工作机制，为基层工会“强体”减负。织密基层工会“小三级”组织体系，努力消除工会组建“空白点”，推动规模以上企业工会提质达标，通过“大带小”“公带非”“强带弱”等方式，带动中小微企业普遍建会，努力构建横向到边、纵向到底的基层工会组织体系。以“双亮”为前提，以“六有”为基准，以“双争”为动力，以“评家”为手段，深入开展建家活动，做实叫响职工之家品牌，着力夯实基层基础，增强工会组织活力。

五、深刻认识和把握坚持以党的政治建设为统领加强工会系统党的建设

党的十九大把政治建设纳入党的建设总体布局，强调党的政治建设是党的根本性建设，要以党的政治建设为统领，全面推进党的各项建设，把党的政治建设提到前所未有的高度。2018 年 6 月 29 日，习近平总书记在中央政治局第六次集体学习时发表重要讲话，深刻阐述加强党的政治建设的重大意义，就全党把准政治方向、坚持党的政治领导、夯实政治根基、涵养政治生态、防范政治风险、永葆政治本色、提高政治能力，提出明确要求，为加强党的政治建设提供了基本遵循。7 月 8 日，习近平总书记对推进中央和国家机关党的建设特别是党的政治建设作出重要批示，指明努力方向。党的政治建设决定党的建设方向和效果，对党的思想建设、组织建设、作风建设、纪律建设起到纲举目张的作用，不抓党的政治建设或背离党的政治建设指引的方向，党的其他建设就难以取得预期成效。中国工会是党领导的职工自愿结合的工人阶级群众组织，是重要的政治组织。这就决定了工会必须认真贯彻落实新时代党的建设总要求，以党的政治建设为统领，全面加强工会系统党的政治建设、思想建设、组织建设、作风建设、纪律建设，把制度建设

贯穿其中，提高工会系统党的建设质量。

全总和各级工会领导机关要按照党中央的要求，在深入学习贯彻习近平新时代中国特色社会主义思想上作表率，在始终同以习近平同志为核心的党中央保持高度一致上作表率，在坚决贯彻落实党中央各项决策部署上作表率，成为让党放心、让职工群众满意的模范机关。要把坚决维护习近平总书记党中央的核心、全党的核心地位，坚决维护党中央权威和集中统一领导，作为党的政治建设的首要任务。坚决做到“两个维护”，是最大的政治、最大的大局。要增强维护自觉，坚定维护行动，提高维护能力，认真落实《中共中央政治局关于加强和维护党中央集中统一领导的若干规定》精神，做到党中央提倡的坚决响应、党中央决定的坚决执行、党中央禁止的坚决不做，把“两个维护”的要求落实到行动上。要深化习近平新时代中国特色社会主义思想的学习贯彻，这是加强党的思想建设的重要任务、长期任务，也是加强党的政治建设的思想理论基础。要努力把学习成果转化为增强“四个意识”、坚定“四个自信”的政治自觉，转化为坚定理想信念、加强党性锻炼的思想自觉，转化为指导实践、推动工作的行动自觉，确保党中央决策部署在工会系统得到不折不扣的贯彻落实。要严明党的政治纪律和政治规矩，这是加强党的政治建设的重要内容，也是加强党的政治建设的纪律保证。要加强政治纪律和政治规矩学习教育，引导工会系统党员干部严格遵守党章、贯彻党章、维护党章，坚决防止“七个有之”，切实做到“五个必须”，做政治上的明白人。要严肃党内政治生活，严格执行“三会一课”、民主生活会、谈心谈话、民主评议党员、请示报告等制度，切实增强党内政治生活的政治性时代性原则性战斗性。要增强政治敏锐性和政治鉴别力，及时研究解决影响职工队伍团结和社会政治稳定的突出问题，维护工会系统意识形态和劳动关系领域的政治安全，在防范和化解政治风险上勇于担当、积极作为。要着力夯实基层基础，不断提高工会基层党组织的创造力凝聚力战斗力。驰而不息抓好作风建设，巩固拓展落实中央八项规定及其实施细则精神成果，密切与职工群众的血肉联系。

要建设一支高素质专业化的工会干部队伍。工会干部队伍是党的干部队伍的重要组成部分，是做好工会工作的重要组织保证。党的十九大提出“建设高素质专业化干部队伍”，是新时代党和国家事业对干部队伍建设的新要求，为干部工作提供了基本遵循。工会组织要全面加强工会干部队伍建设，完善工会干部培养、交流、使用制度，逐步扩大社会化工会工作者队伍，打造专职为主、兼职挂职相结合的干部队伍，培养一大批劳动经济、劳动法律、劳动关系等方面的工会工作专门人才。要贯彻落实《关于进一步激励广大干部新时代新担当新作为的意见》，树立正确用人导向，完善考核评价体系，建立健全工会干部思想教育、激励保障和考核评价机制，热情关心关爱干部，充分激发广大工会干部干事创业的积极性、主动性、创造性。

团结动员广大职工以主人翁姿态建功新时代

徐世鼎

工会十七大报告提出，要牢牢把握我国工人运动时代主题，团结动员广大职工以主人翁姿态建功新时代。党的十九大描绘了决胜全面建成小康社会、夺取新时代中国特色社会主义伟大胜利的宏伟蓝图，作出了在2020年全面建成小康社会的基础上，分两步走在本世纪中叶把我国建成富强民主文明和谐美丽的社会主义现代化强国的战略安排。中国工会组织作为中国共产党领导的工人阶级群众组织，组织动员广大职工围绕党在不同时期确定的中心任务而奋斗，既是政治任务，也是优良传统。立足新时代，各级工会要围绕党的十九大提出的目标任务，牢牢把握我国工运时代主题，围绕中心、服务大局，把推动科学发展、实现稳中求进作为发挥作用的主战场，组织动员广大职工在改革发展稳定第一线建功立业，发挥工人阶级主力军作用、展现主人翁风采，更好地体现工会价值、彰显工会作为。

一、加强对广大职工的思想政治引领

习近平总书记高度重视宣传思想工作，高度重视网络和信息技术迅速发展对宣传思想工作带来的新变化新挑战，提出了一系列新思想新观点新论断，形成了规律性认识，是做好宣传思想工作的根本遵循。工会十七大报告提出，要把统一思想、凝聚力量作为工会思想政治工作的重要任务。工会是直接做职工群众工作的，教育职工是工会社会职能之一，职工思想政治工作是工会工作的重要内容。要充分发挥工会组织的政治优势、组织优势、工作优势，加强和改进新时代职工思想政治工作，更好地把广大职工的思想统一起来、力量凝聚起来。

近年来，各级工会重视加强职工思想政治工作，采取多种措施，积极有效开展工作，取得了明显成绩。但也必须看到，一些地方和单位工会组织对思想政治工作重视不够，有所削弱、影响有所下降，不少地方、不少企事业单位没有开展思想政治工作或开展得不到位，没有摆在重要位置、取得应有效果，一些工会干部不会做思想政治工作，对职工群众所思所想所忧所盼不够了解，对职工的吸引力凝聚力不够。一旦出现一些利益调整、利益纠纷时，容易引起矛盾的产生和激化。当前，我国企业组织形式、就业形态、产业结构等呈现新的特点，职工队伍状况发生深刻变化，社会上各种思潮和主张对职工的影响加深，敌对势力与我争夺人心、争夺阵地、争夺职工群众，形势复杂严峻。这些都对工会提出了挑战，要求工会必须切实加强和改进职工思想政治工作。

各级工会要适应新的形势任务要求，把突出对职工思想政治引领作为一项重要任务摆上工作日程。工会领导机关和领导干部带头加强研究和谋划，加强工作力量配备和资源投入，推动基层工会干部提高职工思想政治工作能力，协力做好组织职工、宣传职工、教育职工、引导职工的工作，多做统一思想、凝聚人心、化解矛盾、增进感情、激发动力的工作，更好强信心、聚民心、暖人心、筑同心，使广大职工在理想信念、价值理念、道德观念上紧紧团结在一起。要坚持问题导向、有的放矢，针对不同区域、不同企业、不同职工群体的特点，针对薄弱环节和领域，提高渗透率、直达率，引导广大职工衷心拥护党中央的决策部署，坚定不移听党话、跟党走。

突出思想政治引领工作的重点。要紧紧围绕学习领会习近平新时代中国特色社会主义思想和党的十九大精神，学习领会习近平总书记关于工人阶级和工会工作的重要论述，把“大学习”课堂搬到工厂车间、生产一线，面向广大职工群众进行有特色、接地气的宣讲，面对面地做思想政治工作，引导广大职工不断增强政治认同、思想认同、情感认同，坚定中国特色社会主义道路自信、理论自信、制度自信、文化自信。坚持以社会主义核心价值观引领职工，大力弘扬伟大民族精神和中华优秀传统文化，加强以职业道德为重点的“四德”建设，不断提高职工思想道德素质。加强宪法法律特别是劳动法律的学习宣传教育，引导职工树立法治意识，维护宪法法律权威，养成办事依法、遇事找法、解决问题用法、化解矛盾靠法的习惯。聚焦一线职工、农民工和新技术新业态新模式下出现的新就业形态群体，针对他们生产生活学习中面临的突出问题，开展有针对性的教育、说服、疏导、服务等工作，化解思想困惑、统一思想认识、凝聚奋进力量。

丰富思想政治引领的形式载体。要采取对路、管用的方式方法、途径载体，做到细而又细、准而又准，春风化雨、润物无声，把思想政治工作做到职工心坎上。深入开展“中国梦·劳动美”等主题教育活动，使中国梦入脑入心入行，同每个职工的个人理想和工作生活紧密结合起来，落实到实际行动中，引导职工用辛勤劳动、诚实劳动、创造性劳动实现更加美好的生活。经常性地开展形势政策教育，在企事业单位班组、科室、车间等场所，采取灵活多样的方式向职工宣传国家经济社会发展成就、党和国家制定出台的涉及职工切身利益的法律法规政策、企事业单位工作情况等，扩大了解、增进理解、消除误解，把职工群众的智慧力量凝聚到干事创业上来。依托工人文化宫、职工服务中心（困难职工帮扶中心）、基层工会站点、职工之家、职工小家等阵地，在服务职工的同时，开展小型化、分众式的研讨营、工作坊等活动，加强对职工的教育引导，激发调动职工参与企业经营、社区治理、工会工作的积极性，把职工团结组织起来。深化群众性精神文明创建活动，发挥工会报刊、出版社、职工书屋、互联网平台、职工文艺舞台等宣传阵地作用，多提供思想精深、制作精良的文化产品，传递正能量、弘扬主旋律，培育健康文明、昂扬向上的职工文化。

讲求思想政治引领的方法实效。职工思想政治工作是做人的工作，工作成效的好坏关键是看能否直达人心。要提高思想政治工作的针对性、实效性，充分运用职工喜欢和熟悉的时尚元素、话语体系，加快工会传统媒体与新媒体融合发展，采取职工喜闻乐见、寓教于乐的形式，不搞大水漫灌，采用启发式、案例式等方法，提高思想引领水平，掌握工会意识形态工作主导权。要激发工会干部热情，发挥“妈妈心、婆婆嘴、跑不断的两条腿”的优良作风，深入千家访万户，面对面了解情况、纾困解难、排解忧愁，不断提高职工思想政治工作的感染力影响力。加大网上引导工作力度，根据不同职工群体的特点在网上找到职工、聚集职工、组织职工，构建网上职工活动群落，开展双向互动交流，增强群落粘性。加强制度机制建设，以研究制定加强和改进产业工人思想政治工作的意见为牵引，总结提炼实践中加强和改进产业工人思想政治工作的好经验好做法，对工作流程、内容、环节进行标准化规范，形成规律性认识，不断提高职工思想政治工作质量和水平。

二、丰富和拓展多种形式的建功立业活动

工会十七大报告强调，要围绕高质量发展深化劳动和技能竞赛。组织劳动和技能竞赛、动员职工开展群众性经济技术创新等建功立业活动，是工会组织围绕中心、服务大局的重要体现，凸显价值、发挥作用的重要载体，有力地推动了经济社会发展、企业经营管理、职工素质提升，在工会整体工作中具有重要地位，也是工会工作的一个响亮品牌。围绕党的十九大确定的目标任务，各级工会组织要不断丰富和拓展多种形式的建功立业活动，提高职工队伍整体素质，形成工人阶级万众一心、众志成城的磅礴力量。

围绕高质量发展深化劳动和技能竞赛。习近平总书记指出，“群众性劳动竞赛活动，作为提高职工素质、推动企业进步、促进经济发展的重要途径，作为工会围绕中心、服务大局的重要载体，在新中国60多年发展史上写下了并继续书写着浓重的一笔”。各级工会要把握稳中求进工作总基调，树立新发展理念，贯彻落实《中华全国总工会2016—2020年劳动和技能竞赛规划》，引导职工以国家重大战略、重大工程、重大项目、重点产业等为主攻方向，以“当好主人翁、建功新时代”为主题，广泛深入持久开展多种形式的劳动和技能竞赛。要健全完善劳动和技能竞赛体系，形成国家级、省级、地级和县级以及不同产（行）业特点的劳动和技能竞赛系列，不断丰富竞赛的领域、内涵、方式、机制，推动竞赛向非公有制企业和服务行业拓展，积极探索在新产业新业态、新经济组织中开展竞赛，扩大覆盖面和职工参与率。要把推动企业发展和提高职工素质、分享发展成果有机结合起来，提高职工受益度，实现企业发展和职工利益保障的有机统一。要加强竞赛的理论创新和实践发展，推

动健全竞赛组织机构，培养竞赛组织开发专门人才，落实《重大工程建设劳动和技能竞赛工作指南》，完善竞赛组织操作指引，不断提高竞赛组织专业化科学化规范化水平。

大力开展群众性经济技术创新活动。劳动者是生产力中最活跃最根本的因素，广大职工与生产资料的联系最紧密，最了解本单位的生产情况。企事业单位的发展壮大，必须坚持劳动者的主体地位，充分发挥他们的积极性主动性创造性。工会组织开展的群众性经济技术创新活动，是激发职工队伍活力的有效形式。要针对不同层级、不同地区、不同行业、不同岗位，探索不同的载体平台和方式方法，开展技术革新、技术协作、发明创造、合理化建议、节能减排、网上练兵和“小发明、小创造、小革新、小设计、小建议”等活动，引导职工积极投入企业生产管理活动，推动提升企业生产效率、产品服务质量，提高企业竞争力。要加强群众性经济技术创新活动开展的组织管理，把经济技术创新活动融入企业生产管理各环节，做到经常化日常化，通过及时解决企业生产过程难题，推动企业提高自主创新能力，促进群众性经济技术创新活动持续开展。要以班组为基本单位，以创建“工人先锋号”活动为抓手，不断提升班组建设水平。要加强职工创新知识产权保护，健全职工创新成果分享制度机制，保护调动职工创新热情，拓宽职工成长成才通道。要加强职工创新成果的转化利用，组织开展职工创新成果管理能力培训和成果展示交流，建设全国职工技术创新优秀成果网上展馆，开展职工创新成果评选、展示、交流、交易、推广活动，动员更多职工支持投身创新驱动发展战略。要加强各级职工技协组织建设，广泛开展技术交流、技术服务和技术应用等，推动职工技协更好发挥作用。要积极引导职工参与深化供给侧结构性改革，投身三大攻坚战，践行绿色生产生活方式，促进传统产业转型升级和先进制造业加快发展，为建设现代化经济体系、实现高质量发展、建设美丽中国贡献智慧和力量。

在应对市场竞争中不断提升职工队伍技术技能素质。劳动者素质对国家和民族发展至关重要。在这千帆竞发、百舸争流的时代，每个职工要想在激烈竞争中赢得发展优势，在报效国家中实现人生出彩，必须不断提升素质、实现全面发展。各级工会要把提升职工队伍整体素质作为一项战略性基础性工作抓紧抓实，落实全总关于在建设知识型、技能型、创新型技术工人队伍中充分发挥工会作用的意见，为支撑中国制造、中国创造，推动经济高质量发展，源源不断输送高技能人才。要努力培养知识型劳动者，使广大职工主动学习、善于学习，密切关注行业、产业前沿知识和技术进展，及时掌握新的科学文化知识和专业技术知识，不断丰富精神世界、提高道德素养。要努力培养技能型劳动者，使广大职工勤学苦练、深入钻研，掌握新技能、练就新本领，在生产实践中增长才干。要努力培养创新型劳动者，使广大职工增强创新意识、培养创新思维，激发创新才智、勇于创新实践，努力成为堪当改革发展重任的栋梁之材，在新时代的广阔舞台上大显身手。开展职工技术技能状况调查，摸清底数，有针对性地推进职工技术创新和技能提升活动，促进“三型”职工队伍建设。要督促企业履行技能培训主体责任，建设一批职工技能实训基地，落实职工教育培训各项政策规定，足额保障职工教育培训费用，健全完善技能提升与工资增长、技术等级晋级挂钩的管理制度，引导职工立足岗位充实完善自身知识结构、提高技术技能水平，不断增厚企业人力资本。要充分发挥工会培训基地作用，建设公共技能学习平台，加大职工岗前培训规模，提高教学水平，及时更新培训课程和实训设施，增强培训的实效性实践性。要组织开展具有时代特征、区域特色、行业特性和单位特点的技能比武、技能大赛等，动员职工赛练结合，在比武和竞赛中提高技术技能水平，为企业发展助力，为自身发展开拓空间。

三、扎实推进产业工人队伍建设改革

《新时期产业工人队伍建设改革方案》（以下简称《改革方案》）出台以来，在以习近平同志为核心的党中央坚强领导下，在中央改革办的直接指导下，全总和各有关部门坚持在大局下谋划、在大势中推进，把推进产业工人队伍建设改革作为一项战略任务抓紧抓好。全总认真履行牵头抓总职责，积极主动与相关部委沟通协商，扎实做好对推进产业工人队伍建设改革的宏观指导、政策协调、组织推进和督促检查，共同研究制定了《关于提高技术工人待遇的意见》等具有标志性、指导性、示范性的政策措施。在中央层面协调小组的示范带动下，各省（区、市）党委、政府高度重视贯彻落实《改革方案》工作，普遍在深入开展调查研究的基础上制定出台贯彻落实《改革方案》的实施方案或意见，产业工人队伍建设改革有力有序推进。

党的十九大对推动产业工人队伍建设改革取得重点突破明确了目标任务，作出的重大决策部署中，很多都与推进产业工人队伍建设改革直接相关，比如，“建设知识型、技能型、创新型劳动者大军，弘扬劳模精神和工匠精神，营造劳动光荣的社会风尚和精益求精的敬业风气”；又如，“加强和改进思想政治工作”，“把社会主义核心价值观融入社会发展各方面，转化为人们的情感认同和行为习惯”；再如，“破除妨碍劳动力、人才社会性流动的体制机制弊端，使人人都有通过辛勤劳动实现自身发展的机会”；还如，“注重从产业工人、青年农民、高知识群体中和在非公有制经济组织、社会组织中发展党员”；等等。这些重要论述，对提高产业工人政治地位、加强产业工人思想引领、促进产业工人技能提升、拓宽产业工人发展空间、完善产业工人权益保障等提出了明确要求。

推进产业工人队伍建设改革是一项长期任务，也是一项系统工程。工会十七大报告深入贯彻落实党的十九大精神，对扎实推进产业工人队伍建设改革作出了新的安排，要求进一步提升政治站位，在已有成绩的基础上，不断深化拓展，持续深入贯彻落实产业工人队伍建设改革方案。各级工会要从巩固党执政的阶级基础和群众基础的高度，从促进我国经济社会持续健康发展的高度，坚持全心全意依靠工人阶级的方针，把握《改革方案》提出的政治上保证、制度上落实、素质上提高、权益上维护的总体思路，坚持党的领导、坚持服务大局、坚持以人为本、坚持问题导向原则，落实好《改革方案》中5个方面25条有针对性的改革举措。要针对影响产业工人队伍发展的突出问题，创新体制机制，提高产业工人素质，畅通发展通道，依法保障权益，造就一支有理想守信念、懂技术会创新、敢担当讲奉献的宏大的产业工人队伍。要结合新任务新要求，推动产业工人队伍建设重点方向、重点领域取得新的突破。

*一是推动完善产业工人技能形成体系。*围绕建设现代化经济体系和实施“中国制造2025”，更好地服务重点产业发展和制造业升级，充分调动政府、企业、院校、职工等各方面的积极性，着力建设知识型、技能型、创新型劳动者大军。推动完善现代职业教育制度，改革职业技能培训制度，改进产业工人技能评价方式，统筹发展好职业院校教育和职业培训，推动产教融合协同育人工作向更大范围拓展。引导企业加大在岗培训力度，发挥劳动模范、大国工匠等高技能人才传帮带作用。

推行终身职业技能培训的制度政策，着力畅通产业工人职业发展通道，更好地为成长成才搭建平台、架桥铺路，让广大产业工人把终身学习化为自觉行动。把准农民工需求，加强学历教育和技能培训，做好供需对接服务，将农民工培养成稳定就业的产业工人，推动农民工顺利融入城市。

二是推动提高产业工人待遇水平。坚持产业工人收入增长和经济增长同步、劳动报酬提高和劳动生产率提高同步，落实产业工人参与分配决定的权利，使广大产业工人有更多获得感、幸福感、安全感。把贯彻落实《关于提高技术工人待遇的意见》作为重点，充分发挥政府、企业、社会协同作用，完善技术工人培养、评价、使用、激励、保障等措施，特别是要突出工资激励和技能提升，实现技高者多得、多劳者多得，树立技术工人社会地位高、福利待遇好、发展空间大的鲜明价值导向，增强技术工人职业荣誉感、自豪感、获得感，引导越来越多的产业工人精研技艺、苦练本领，传承好、弘扬好劳模精神、劳动精神、工匠精神。

三是不断强化产业工人队伍建设支撑保障。推动研究制定和完善职业教育、技术资格、企业民主管理、集体协商等方面的法律制度，依法保障产业工人接受教育和培训、参与企业民主管理、与用人单位平等协商等权利，为产业工人队伍建设提供更好的法治保障。进一步加大财政投入力度，健全完善社会多元投入机制，为推进产业工人队伍建设提供更加充足的资金和经费保障。深化产业工人队伍建设理论政策研究，把产业工人队伍状况调查做实做细，把产业工人队伍的问题研究做深做透，不断丰富和发展产业工人队伍建设理论，总结各地加强产业工人队伍建设的好经验好做法，为制定完善相关政策举措提供坚实支撑。

各级工会要把推进产业工人队伍建设改革作为工会组织的一项重大政治任务，压紧压实改革责任，推进政策衔接和落地。要抓工作统筹，全总积极履行牵头职责，与相关部委沟通协商，进一步凝聚共识、形成合力。要抓措施落实，推动落实提高技术工人待遇、终身职业技能培训制度、国有企业工资制度改革等政策举措，运用互联网促进产业工人队伍建设。要抓调研督查和监督，及时了解进展情况，总结典型经验，解决实际问题。要抓宣传引导，通过主流媒体和其他各类媒体等多种途径，加强教育引导和宣传阐释，营造良好氛围。

四、大力弘扬劳模精神、劳动精神、工匠精神

习近平总书记高度重视劳动模范工作，每到地方视察调研，都要看望慰问劳模，关心劳模生产生活。2013 年亲临全国总工会机关与劳动模范座谈，2015 年出席党中央、国务院召开的庆祝“五一”国际劳动节暨表彰全国劳动模范和先进工作者大会并发表重要讲话，2016 年在安徽合肥与知识分子、劳动模范、青年代表座谈，2018 年给中国劳动关系学院劳模本科班学员回信、在全国教育大会上发表重要讲话，要求在全社会大力弘扬劳模精神、劳动精神、工匠精神，牢固树立劳动最光荣、劳动最崇高、劳动最伟大、劳动最美丽的理念，用劳模的干劲、闯劲、钻劲激励广大职工争做新时代的奋斗者。

多年来，各级工会学习贯彻习近平总书记关于劳模工作的重要指示要求，围绕选树培养劳模、宣传劳模先进事迹、发挥劳模作用、落实服务劳模政策等做了大量工作，营造了用劳动创造实现中国梦的鲜明导向，特别是叫响做实“大国工匠”工作品牌，影响和带动全国选树各具地方特色的工匠，弘扬工匠精神，推动广大职工把养成刻苦钻研、精益求精、追求卓越、

创造一流的职业素养作为重要追求。为了更好地弘扬劳模精神、劳动精神、工匠精神，工会十七大提出了加强劳模和工匠人才创新工作室创建，创新劳模培养选树和管理服务工作，持续开展学习宣传先进模范和大国工匠系列活动等方面的办法和举措。

搭建劳模工匠人才发挥作用平台。长期以来，广大劳模以平凡的劳动创造了不平凡的业绩，铸就了“爱岗敬业、争创一流，艰苦奋斗、勇于创新，淡泊名利、甘于奉献”的劳模精神。大国工匠是职工队伍中的高技能人才。党的十八大以来，习近平总书记多次强调“无论从事什么劳动，都要干一行、爱一行、钻一行”的工匠精神。各级工会抓住这一重要契机，着力打造“大国工匠”工作品牌，在全社会大力倡导工匠精神，凸显了高素质产业工人队伍的重要作用。在新时代，为了更充分发挥劳模和工匠人才的先锋引领作用，各级工会要深化劳模和工匠人才创新工作室创建工作，加强技师学院、新时代工匠学院建设，为他们提供必要的经费人员支持，为劳模和工匠人才传播劳动技能、创新方法、管理经验搭建平台。推广劳模示范岗、劳模大讲堂、劳模志愿服务队等经验，推行名师带徒、首席员工、金牌工人、技能带头人等做法，发挥劳动模范、大国工匠等高技能人才传帮带作用，更好发挥劳模示范带动作用，激发广大职工在创新驱动发展战略中更好地发挥主力军作用。

创新劳模培养选树和管理服务工作。培养选树一大批新时代劳动模范、工匠人才，对促进经济社会持续健康发展、营造劳动光荣的社会风尚和精益求精的敬业风气具有重要意义。要坚持评选标准条件，认真履行规定程序、严把劳模人选审查推荐关，切实做到公开公平公正，确保推荐人选质量，及时把基层单位、一线职工中的优秀职工选出来、推出去，以他们的先进事迹影响和带动更多人。要加强教育引导，建立联系服务机制，通过组织疗休养等多渠道多方式开展培训，开阔劳模视野、增进劳模交流，引导劳模提高理论政策水平、服务带动意识，积极主动团结身边职工群众，在已有成绩基础上百尺竿头、更进一步。要做好关心服务工作，推动落实劳模政策，及时推动解决劳模生产生活中的困难，做好困难劳模的帮扶救助工作，做到政治上信任、工作上支持、生活上关心。

持续开展学习宣传先进模范和大国工匠系列活动。广泛宣传劳模和大国工匠先进事迹。创新宣传理念，丰富宣传形式，充分利用主流媒体、工会宣传舆论阵地，运用移动互联网新媒体和微博、微信等自媒体，推出专版专栏持续讲好劳模故事和工匠故事，使劳模精神、劳动精神、工匠精神深入人心。继续与中央电视台合作推出《大国工匠》栏目和专题片，与国家网信办联合开展“中国梦·大国工匠篇”大型主题宣传活动，制作“中国梦·劳动美”庆祝“五一”国际劳动节特别节目，组织劳动模范、大国工匠与职校师生面对面交流，并将活动向省市延伸，让诚实劳动、勤勉工作蔚然成风，激励广大职工特别是青年职工把自身的前途命运同国家和民族的前途命运紧紧联系在一起，把个人梦与中国梦紧密联系在一起，把实现党和国家确立的发展目标变成自己的自觉行动，爱岗敬业、争创一流，以不懈奋斗书写新时代华章，共同创造幸福生活和美好未来。

高举维护职工合法权益的旗帜

阳万雄

习近平总书记强调，保障职工群众权益是我国社会主义制度的根本要求，是党和国家的神圣职责；工会要赢得职工群众信赖和支持，必须做好维护职工群众切身利益工作，促进社会公平正义。工会十七大报告提出，维护职工合法权益是工会的天职，必须高举维护职工合法权益的旗帜，扎扎实实解决好职工群众最困难最忧虑最急迫的实际问题，使改革发展成果更多更公平惠及职工群众。各级工会要牢记初心使命，把握社会主要矛盾转化的时代脉搏，贯彻以人民为中心的发展思想，顺应职工群众对美好生活的新期待，增强维权意识、提升维权能力，强化制度保障、突出工作重点，更好维护和发展职工群众利益。

一、把握新时代新征程新要求，始终高举维护职工合法权益的旗帜

我国工会是党领导的职工自愿结合的工人阶级群众组织，是职工利益的代表者和维护者。党的十九大报告指出，经过长期努力，中国特色社会主义进入了新时代。新时代对工会维护职工合法权益提出了新要求。

高举维护职工合法权益的旗帜是牢牢把握新时代我国工运主题、团结动员广大职工为实现中国梦而奋斗的必然要求。党

领导和发展工运事业，就是要通过工会到广大职工中去做深入的群众工作，维护好职工群众的切实利益，从而把他们组织和动员起来，为完成党的中心任务而奋斗。保障职工群众权益是发挥职工群众积极性、主动性、创造性最重要最基础的工作，是工会服从服务于党和国家工作大局的根本基点与途径。当前，我国正处在全面建成小康社会的决胜期、处于全面深化改革的攻坚期，要深化供给侧结构性改革、建设现代化经济体系、实现高质量发展，都必须切实维护和发展职工利益，促进职工全面发展，把蕴藏在职工群众中的劳动创造活力充分激发出来。

高举维护职工合法权益的旗帜是坚持以人民为中心的发展思想、满足职工群众美好生活需要的应有之义。“治国有常，而利民为本。”习近平总书记强调，带领人民创造美好生活，是我们党始终不渝的奋斗目标，必须始终把人民利益摆在至高无上的地位，坚持以人民为中心的发展思想，坚持在发展中保障和改善民生，让改革发展成果更多更公平惠及全体人民。党的十八大以来，以习近平同志为核心的党中央坚持以人民为中心的发展思想和全心全意依靠工人阶级的方针，高度重视和亲切关怀职工群众，指导制定构建和谐劳动关系意见、产业工人队伍建设改革方案、提高技术工人待遇意见等重要文件，实施就业优先战略和更加积极的就业政策，一大批惠及亿万职工的劳动经济政策落地实施，城镇新增就业年均1300万人以上，城乡居民收入增速跑赢了经济增速，职工工资增长与劳动生产率提高的同步性增强，覆盖城乡居民的社会保障体系基本建立，职工群众获得感、幸福感、安全感大幅提升。当前，我国社会主要矛盾已经转化为人民日益增长的美好生活需要和不平衡不充分的发展之间的矛盾。人民美好生活需要日益广泛，不仅对物质文化生活提出了更高要求，而且在民主、法治、公平、正义、安全、环境等方面的要求日益增长。从职工队伍状况看，我国职工队伍内部分层明显，就业形态日益多样，利益诉求日趋多元，广大职工对维护自身权益、实现全面发展的需求更加迫切、愿望更加强烈，他们期盼实现更高质量的就业、更公平合理的收入、更充分更可靠的社会保障、更安全友好优美的工作环境、更切实的民主权利、更丰富的精神文化生活。适应这一事关全局的变化，党的十九大报告围绕保障和改善民生，在提高就业质量和人民收入水平、构建和谐劳动关系、建成多层次社会保障体系、促进实现共同富裕等方面作出一系列重要部署。这就要求工会始终把职工群众对美好生活的向往作为奋斗目标，坚持以职工为中心的工作导向，更加自觉、主动地加大维权工作力度，为职工群众提供更高质量、更有成效的维权服务。

高举维护职工合法权益的旗帜是强化工会社会职能、增强工会组织吸引力凝聚力的紧迫任务。维护职工合法权益、竭诚服务职工群众是工会的基本职责。中国工会十六大以来，各级工会着力开展供给侧结构性改革中职工维权工作，积极参与涉及职工利益法律法规政策的制定修改，深入开展和谐劳动关系创建活动，推动平等协商和集体合同扩面提质增效，坚持和完善以职工代表大会为基本形式的企事业单位民主管理制度，工会维权工作取得明显成效。但也要看到，我国经济发展进入新常态，发展面临的国际国内环境更加复杂，实体经济特别是中小企业生产经营仍然面临不少困难；深化供给侧结构性改革，促进产业结构调整和转型升级，化解过剩产能、淘汰落后产能、企业兼并重组等，有可能给劳动就业、工资收入和社会保障等带来一定冲击；农民工、劳务派遣工、灵活就业人员的权益实现还面临一些困难和问题，劳动关系矛盾有更趋复杂、尖锐的态势。世界经济格局正在经历深度调整，国际竞争日趋激烈，贸易保护主义抬头，中美经贸摩擦加剧，影响劳动关系与职工利益。随着社会发展进步和职工群众法律意识、权利意识的提高，他们的利益诉求更加多样，表达方式明显变化，工会维护职工权益的任务更加艰巨、要求更加紧迫。与形势任务要求和职工群众的期盼相比，工会维护职工合法权益的资源手段比较有限、体制机制不够健全、能力建设亟待加强。只有切实加强维护职工合法权益，使维权的力度更大、措施更得力、效果更明显，增强工会团结教育、维护权益、服务职工功能，才能把广大职工组织到工会中来，进一步扩大覆盖面、增强凝聚力，把他们更加紧密地团结和凝聚在党的周围，巩固党的阶级基础和群众基础；才能妥善处理和有效平衡各方面的利益关系，建立稳定和谐的劳动关系，促进社会公平正义；才能教育引导广大职工通过理性合法有序的方式表达利益诉求，依法维护权益，维护职工队伍的团结统一和社会的和谐稳定。这也是加强和创新社会治理、实现国家长治久安的重要社会基础。

二、着力维护职工劳动经济权益，推动解决职工群众最关心最直接最现实的利益问题

“民惟邦本，本固邦宁。”习近平总书记强调，工会维权要讲全面，也要讲重点，重点就是职工群众最关心最直接最现实的利益问题，就是职工群众面临的最困难最忧虑最急迫的实际问题。工会十七大报告对维护职工群众的劳动经济权益作出了总体安排。劳动就业、收入分配、社会保障、安全生产和职业健康等，是职工最关心的问题，工会维护职工合法权益，首先要维护他们这些方面的利益。

促进职工实现更高质量和更充分就业。习近平总书记指出，就业是最大的民生工程、民心工程、根基工程。就业是劳动者生存的经济基础，也是其融入社会、共享发展成果的前提，牵动着千家万户的生活。解决好就业问题事关经济社会发展全局，这不仅是重大的经济问题、社会问题，也是重大的政治问题。就业是最大的民生，也是经济发展最基本的支撑。党的十九大报告指出，要坚持就业优先战略和积极就业政策，大规模开展职业技能培训，注重解决结构性就业矛盾，鼓励创业带动就业，破除妨碍劳动力、人才社会性流动的体制机制弊端，使人人都有通过辛勤劳动实现自身发展的机会，实现更高质量和更充分就业。党的十八大以来，随着我国经济发展和就业优先战略的深入实施，我国就业规模持续扩大，就业结构不断优化，就业形势总体平稳、稳中向好，成为民生改善的坚实基础、经济发展的基本支撑、社会稳定的“压舱石”。但也要清醒认识到，我国是世界上劳动力资源最丰富的发展中国家，就业总量压力和结构性矛盾并存，解决就业问题具有长期性、艰巨性、复杂性。预计到2020年前，我国16—59岁劳动年龄人口将保持在9亿人左右，年均需在城镇就业的新成长劳动力超过1500万人。但经济发展中的不稳定、不确定因素增多，稳定和扩大就业面临较大压力。随着经济发展进入新常态，就业问题的新特征也日趋明显，即在总量性就业矛盾趋于缓解的同时，摩擦性和结构性的就业矛盾愈显突出。一方面，我国已经进入一个新的人口转变阶段，劳动年龄人口处于负增长状态，就业岗位不足的压力有所缓解。另一方面，当前和今后一段时期，受产业结构转型升级及国际国内各种不确定不稳定因素的影响，结构性就业矛盾依然突出。重点群体就业任务仍然艰巨，部分新成长劳动力的实践能力难以跟上市场变化，大龄低技能劳动者就业难题或将持续存在，结构调整中的失业问题需密切关注，化解钢铁煤炭等行业过剩产能的职工安置任务艰巨。在就业领域，使市场在资源配置中起决定性作用和更好发挥政府作用，既要健全劳动力市场，保持和增强用工灵活性，加强人力资本投入，提高劳动力市场供给与需求的匹配性；又要完善政府、工会、企业共同参与的协商协调机制，促进就业稳定与安全，提高就业质量，构建和谐劳动关系。2018 年 7 月，国家发改委、全总等 17 个部门印发《关于大力发展实体经济积极稳定和促进就业的指导意见》，强调要加快建设实体经济与人力资源协同发展的产业体系，统筹推进发展新动能和劳动力供给侧改革工作，创造更多高质量就业岗位。各级工会要充分认识当前就业形势，积极推动《就业促进法》的贯彻实施，促进更多职工实现稳定就业、高质量就业。一是深化工会就业创业服务。强化工会就业服务机构和窗口建设，深入开展“工会就业援助月”“困难职工家庭高校毕业生阳光就业行动”等活动，配合相关部门开展好“春风行动”“民营企业招聘周”等就业服务活动。协助党委和政府做好供给侧结构性改革中职工转岗安置、再就业培训、创业带动就业等工作，引导职工转岗提质就业。二是配合有关部门加大援企稳岗力度。对受产业调整、经贸摩擦等影响较大的行业和企业，要进行深入调研和失业风险研判，及时向党委和政府反映情况，按照“保岗位、保生活、保稳定”的原则，就调整劳动报酬、工作时间等涉及职工权益的事项与企业开展集体协商，为职工提供及时有效的就业帮扶，保障职工基本生活。三是大力提高职工技能素质。加强工会职业技能培训基地建设，深入开展“技能培训促就业”行动，提高培训质量，推动完善职业教育和培训体系，深化产教融合、校企合作，促进完善技能形成和提升体系，提高职工岗位技能和就业竞争力。

四是依法督促企业规范劳动用工行为。推动《劳动合同法》实施，指导帮助职工签订劳动合同，发挥集体合同的作用，遏制部分企业用工短期化和随意裁员行为，帮助职工稳定就业岗位。努力消除各种形式的就业歧视，保障农民工平等就业权利，切实保护女职工合法权益和特殊利益。推动落实职工带薪年休假等制度，遏制超时加班现象，维护职工休息休假权益。推动建立适应新技术新业态新模式的用工和社保制度，建立健全互联网平台用工等新就业形态劳动标准体系，切实保障家政服务等灵活就业劳动者权益，充分释放新动能带动就业效应。

突出维护职工收入分配权益。工资收入是民生之源，是职工劳动经济权益的核心，也是工会维权的重点。党的十九大报告明确提出，要坚持按劳分配原则，完善按要素分配的体制机制，促进收入分配更合理、更有序，坚持在经济增长的同时实现居民收入同步增长、在劳动生产率提高的同时实现劳动报酬同步提高，通过“扩中、提低、调高、打非”，缩小收入分配差距，促进收入分配更合理、更有序。近年来，随着我国经济发展和社会建设的加强，广大职工的工资收入不断提高，生活水平明显改善，但收入差距依然较大，一线工人、农民工工资相对偏低，这是制约我国经济持续健康发展与社会和谐稳定的突出矛盾。解决不平衡不充分的发展的问题，不仅要做大“蛋糕”，还要分好“蛋糕”，更好地维护公平正义，让职工群众有更多的获得感。各级工会要积极参与收入分配制度改革，推动健全科学的工资水平决定机制、正常增长机制和支付保障机制，切实维护好职工的工资收入权益。一是推动完善收入分配方面的法律法规，从源头上维护广大职工的工资收入权益。积极参与工资支付保障条例等法规政策的制定，推动完善工资指导线、劳动力市场工资指导价位、企业薪酬调查和信息发布等制度。

二是以提质增效为重点深化集体协商工作，逐步提高职工工资收入。在社会主义市场经济条件下，企业职工工资不能由经营者单方决定，必须通过劳动关系双方协商确定。开展工资集体协商，对于逐步提高职工工资收入、稳定劳动关系具有基础性作用。各级工会要继续依法推动企业普遍开展工资集体协商，重点推动区域性、行业性工资集体协商，建立健全工时协商机制，参与制定行业劳动定额，推动企业建立健全反映劳动力市场供求关系和企业经济效益的工资决定及正常增长机制，促进职工工资随劳动生产率同步提高。三是着力推动提高技术工人待遇水平。2016 年 10 月，国务院印发《关于激发重点群体活力带动城乡居民增收的实施意见》，聚焦的第一个群体就是技能人才，强调要完善多劳者多得、技高者多得的技能人才收入分配政策。2018 年 3 月，中共中央办公厅、国务院办公厅印发《关于提高技术工人待遇的意见》，明确要创新技能导向的激励机制，着力提高技术工人收入水平，增强生产服务一线岗位对劳动者的吸引力。各级工会特别是基层工会要积极参与企事业单位有关具体政策的制定，通过工资集体协商、职代会等途径，推动完善技术工人薪酬激励机制，提高技术工人特别是高等级技术工人待遇，使他们稳步进入中等收入者行列，带动广大一线工人工资增长。四是推动落实最低工资保障制度，完善最低工资增长机制，建立最低工资评估机制，促进提高最低工资标准，明显增加低收入职工的工资收入。五是推动健全工资支付保障机制，配合政府部门开展工资支付专项检查和督查，推动完善欠薪报告制度和发生欠薪后的救济制度，督促用人单位规范工资支付行为，有效解决职工特别是农民工欠薪问题。

推动健全多层次社会保障体系。社会保障是民生的安全网，是职工重要的社会经济权利，是保障人民生活、调节社会分配的一项基本制度。经过长期努力，我国社会保障制度建设取得长足发展，建立起世界上覆盖人群最多的社会保障网，但社会保障的公平性和可持续性问题依然比较突出。党的十九大报告提出，要按照兜底线、织密网、建机制的要求，全面建成覆盖全民、城乡统筹、权责清晰、保障适度、可持续的多层次社会保障体系。在我国社会保障制度建设过程中，工会扮演着重要角色并发挥着积极作用。各级工会要积极推动《社会保险法》的实施，主动参与社会保障制度改革，加强对社会保障的群众性监督，促进构建多层次社会保障体系，推动扩大社保覆盖面，提高保障水平和统筹层次。一是推动实施全民参保计划，完善城镇职工基本养老保险制度，健全基本养老金正常调整机制，缩小企业和机关、事业单位职工养老保险待遇差距，尽快实现养老保险全国统筹，做到跨省无障碍转移接续。二是积极参与国家深化医药卫生体制改革，推动建立职工大病医疗保险制度和门诊统筹，合理确定补偿政策，积极开展职工医疗互助，有效降低职工实际负担。三是加强对社会保险的群众监督，充分发挥社会保险监督委员会作用，督促用人单位依法为职工缴纳社会保险费。重点促进农民工、非公有制企业职工、困难企业职工依法参保，推动解决职工漏保、断保、转移接续等问题，发挥工会拾遗补缺的作用，加强精准帮扶，促进广大职工公平享有社会保障权益。

努力保障职工安全生产和职业健康权益。安全生产和职业健康是职工在工作场所的基本权利。工会参与安全生产工作，本质是代表和组织职工加强安全生产群众监督，是我国安全生产工作格局的重要组成部分。各级工会高度重视职工劳动保护工作，为维护职工安全健康合法权益、促进实现体面劳动作出了不懈努力。近年来，全国安全生产状况总体稳定、趋于好转，但形势依然严峻，在一些行业和企业，特别是高危行业和中小企业，职工劳动保护问题仍然突出。各级工会要牢固树立安全发展理念，弘扬生命至上、安全第一的思想，深入开展以“安康杯”竞赛为载体的群众性安全生产和职业健康活动，进一步完善工会劳动保护监督机制；推行安全生产和职业健康专项集体合同，切实加强安全生产群众监督，增强职工自我防护意识和防护能力；组织职工群防群治、防治结合，配合政府和企业开展安全隐患排查治理；深入开展职业病防治工作，督促企业健全安全生产责任制，改善劳动生产条件。

坚持重点维护和全面维护的统一。职工群众的劳动经济权益、民主政治权利、精神文化权益、社会权利和生态权益紧密联系，相互作用，缺一不可。必须坚持维护职工群众的经济、政治、文化、社会、生态权益相统一，在全面中突出重点，以重点带动全面，实现全方位、多层次的维权。在我国社会主要矛盾发生转化、人民美好生活需要更加广泛的背景下，职工权益的内涵更加丰富、外延更加宽广，更具全面性、多样化、多层次特点。在突出维护劳动经济权益的同时，要注重维护职工的民主政治权利、精神文化需求、社会权利和生态权益，使之相互促进、相得益彰、互为支撑。职工不仅是劳动者，而且是国家和社会的主人。所有企事业单位不论其所有制性质如何，都必须毫无例外地实行民主，组织广大职工依法进行民主决策、民主管理、民主监督。要着力推动协商民主广泛、多层、制度化发展，进一步加大源头参与力度，在立法、参政议政中主动建言献策，畅通职工诉求表达渠道，健全以职工代表大会为基本形式的民主管理制度，推进厂务公开、业务公开，坚持和完善职工董事制度、职工监事制度，鼓励和支持职工代表有序参与公司治理，使职工的知情权、参与权、表达权、监督权得到更充分、更有效的保障。要针对职工过上美好生活的新期待，提供丰富的精神食粮，注重维护职工的精神文化权益。要突出维护职工的学习权、发展权，督促企业加大人力资本投入，深化职工文化建设，广泛开展群众性精神文明创建活动，不断丰富职工精神文化生活，全面提高职工队伍整体素质。要适应职工从“单位人”向“社会人”的转变，组织和代表职工积极参与社会事务管理和社会治理创新，更好维护职工在社会领域的各项权益。要顺应职工日益增强的安全、绿色、环保等方面的需要，注重维护职工的生态权益，推动改善职工的劳动条件和工作环境，促进职工体面劳动、舒心工作、全面发展。

坚持既尽力而为又量力而行。我国仍处于并将长期处于社会主义初级阶段，要吸取一些国家过度福利化和过度承诺导致效率低下、增长停滞、通货膨胀，收入分配最终反而恶化的教训，坚持从实际出发，将收入提高建立在劳动生产率提高的基础上，将福利水平提高建立在经济和财力可持续增长的基础上。一方面，对于职工群众合理合法的诉求，工会要尽心竭力去推动解决；另一方面，维护职工权益不能脱离实际、提出过高要求，不能开空头支票，必须立足现实条件和企业发展实际，进行科学的评估和测算，一件事情接着一件事情办，一年接着一年干，提高维权工作的专业化、科学化水平。

三、着力完善协调劳动关系机制，强化维护职工合法权益的制度保障

劳动关系是生产关系的重要组成部分，是最基本、最重要的社会关系。党的十九大明确提出完善政府、工会、企业共同参与的协商协调机制，构建和谐劳动关系。职工权益的实现和保障，主要是在劳动关系的建立、运行、监督、调处的过程中

体现出来的。对工会组织而言，维护职工权益与协调劳动关系是一体两面的工作，维护职工权益必须加强协调劳动关系，这是工会必须突出的工作主线。

着眼创新社会治理，推动构建中国特色和谐劳动关系。劳动关系是否和谐，事关经济发展与社会和谐，事关广大职工和企业的切身利益，是加强和创新社会治理的重要内容。一些国家的发展经验表明，当经济发展到工业化中后期阶段，往往是包括劳动关系矛盾在内的各种经济社会矛盾集中多发的时期。我国现在是战略机遇期、改革关键期、矛盾多发期并存，必须下大气力发展和谐劳动关系，保持社会和谐。在社会主义市场经济条件下，劳动关系双方具有利益的根本一致性，但双方的利益矛盾也是普遍的、经常的，有时甚至是激烈的、尖锐的。当前，我国供给侧结构性改革不断深化、产业结构加快调整，新技术新业态新模式大量涌现，灵活就业、劳务派遣大量增加，劳动关系的主体及其利益诉求越来越多元化，劳动关系领域的社会组织明显增多，劳动关系矛盾进入凸显期和多发期。随着新一轮科技革命和产业变革不断深入，数字经济、共享经济等新业态蓬勃兴起，企业组织形式、管理模式、生产经营方式及用工方式等发生深刻变化，劳动关系的确立与运行、职工权益的维护和保障面临许多新情况新问题。工会要适应劳动关系变化新趋势，立足共建共治共享社会治理的新格局，把推动构建中国特色和谐劳动关系作为工作主线，贯彻落实中共中央、国务院印发的《关于构建和谐劳动关系的意见》，积极代表职工参与劳动关系协调，及时化解劳动关系领域矛盾和纠纷，组织动员职工积极参与社会治理，构建企业与职工命运共同体，维护职工队伍团结统一与社会和谐稳定，在完善社会治理体制与提高社会治理水平中发挥工会组织应有的作用。

坚持依法构建，完善协调劳动关系制度机制。法治是工会参与协调劳动关系、维护职工权益的可靠保障。有了法治的保障，劳动合同、集体合同、民主管理等制度就能得到坚持、发展和完善，反之，一些好的制度也难以坚持下去。这些年来，国家相继制定修订了《劳动法》《工会法》《劳动合同法》《劳动争议调解仲裁法》《就业促进法》《社会保险法》等法律，我国协调劳动关系、维护职工权益的主要法律制度已经基本建立起来。但仍然有一些重要法律如集体合同、民主管理等法律制度有待建立和完善，现行劳动法律仍然有不细密、不周延的地方。各级工会要适应全面依法治国的要求，代表职工主动参与劳动立法和政策制定，推动涉及职工切身利益的法律法规政策制定和修改，主动参与执法检查和法律实施的监督，从制度上源头上保障职工群众利益。要健全政府和工会联席会议制度，做实省、市、县三级地方及产业的协调劳动关系三方机制，并向乡镇（街道）、经济开发区、高新技术园区延伸。突出抓好劳动合同、集体合同与职代会等关键环节，努力通过制度化、机制化手段协调劳动关系、维护职工权益。要更加主动地站在协调劳动关系第一线，帮助和指导职工签订劳动合同，建立健全平等协商签订集体合同制度，密切与政府劳动保障监察部门协调配合，完善工会劳动法律监督“两书”制度，督促企业依法用工、守法经营、履行社会责任，引导职工增强守法诚信意识，依法表达诉求。深化和谐劳动关系创建活动，充分发挥全国模范劳动关系和谐企业与工业园区的示范作用，推动企事业单位构建内部利益矛盾自主调处机制，把职代会、集体协商、职工董事监事制度等融入企业法人治理结构。

坚持维权维稳相统一，维护劳动关系稳定。维权是维稳的基础，维稳的本质是维权。要增强政治敏锐性和政治鉴别力，绷紧风险防范这根弦，提高监测预警能力，强化风险应对，及时化解劳动关系矛盾纠纷。建立健全劳动关系领域社会组织联席会议机制，培育孵化工会主导的社会组织，接长手臂、形成链条，加强对劳动关系领域社会组织的政治引领、示范带动和联系服务，通过项目合作、购买服务等社会化、市场化方式，引导社会组织为职工提供专业化服务。总结推广源头治理劳动纠纷经验，建立健全工会、法院、人社、司法联动机制，健全工会劳动关系发展态势监测和分析研判制度，推动建立在线解决机制。积极推动劳动争议处理工作，通过协商、调解、仲裁、诉讼等方式依法调处劳动关系矛盾纠纷。加强劳动关系领域风险排查化解、应急处置，紧盯重点地区、企业、人群苗头隐患，对发现侵害职工权益的问题，要及时地制止、批评，推动和协调有关方面解决，将风险及时化解在基层、消除在萌芽状态；对一些地方劳动关系矛盾集中显现的情况，工会组织要主动介入、积极作为，协助党政妥善处理，帮助职工群众表达利益诉求，引导职工及时恢复正常生产秩序；要认真分析一些劳动关系事件反映出的倾向性、苗头性问题，举一反三、掌握主动，坚决维护职工队伍和工会组织的团结统一，坚决维护企业和社会大局和谐稳定。

竭诚服务职工群众

李　蕾

习近平总书记强调，为民族谋复兴、为人民谋幸福，是中国共产党人的初心和使命；增进民生福祉是发展的根本目的，国家发展过程也是全体人民共享成果的过程；必须始终不忘初心，坚持以人民为中心的发展思想，把人民对美好生活的向往作为奋斗目标；要把联系和服务职工群众作为工会工作的生命线，扎扎实实为职工群众做好事、办实事、解难事，让职工群众真正感受到工会是“职工之家”，工会干部是最可信赖的“娘家人”。

中国工会作为中国共产党领导的职工自愿结合的工人阶级群众组织，忠诚党的事业、竭诚服务职工是庄严使命和责任担当，服务职工是做好党的职工群众工作的重要手段。工会十七大报告强调，中国工会的基本职责是维护职工合法权益、竭诚服务职工群众；竭诚服务职工群众是工会一切工作的出发点和落脚点；要提高服务工作质量，更好满足职工群众美好生活需要。报告首次从工会基本职责的高度定位服务职工工作，为服务职工这一工会工作永恒的主题注入了新的时代内涵。各级工会要始终践行服务宗旨，不断创新服务载体，着力丰富服务内涵，努力提升服务能力，推动新时代服务职工工作取得新成效。

一、切实强化竭诚服务职工群众的使命担当

习近平总书记在党的十九大报告中郑重宣示：“带领人民创

造美好生活，是我们党始终不渝的奋斗目标。”各级工会要始终牢记习近平总书记嘱托，把职工群众对美好生活的向往作为工会组织的奋斗目标，进一步提高思想认识、强化人民立场，不断增强做好新时代服务职工工作的责任感和使命感。

——竭诚服务职工群众，是贯彻落实以人民为中心的发展思想、把党中央对职工群众关心关爱落到实处的重要举措。党的十八大以来，以习近平同志为核心的党中央，面对新的时代条件和新的实践，坚持党的执政为民理念，一切工作以最广大人民群众根本利益为检验标准，创造性提出“坚持以人民为中心的发展思想”，并明确指出“这是马克思主义政治经济学的根本立场”。党的十九大报告又把“坚持以人民为中心”上升为新时代坚持和发展中国特色社会主义的基本方略，强调“必须坚持人民主体地位，坚持立党为公、执政为民，践行全心全意为人民服务的根本宗旨，把党的群众路线贯彻到治国理政全部活动之中”。坚持以人民为中心，是习近平新时代中国特色社会主义思想的重要内容，是马克思主义唯物史观的历史传承和创新发展，是我们党领导中国革命、建设和改革发展实践的经验总结，是中国共产党人不忘初心和使命的时代要求。

习近平总书记始终心系工人阶级，高度重视解决职工群众最关心最直接最现实的利益问题，每到一地考察都深入基层看望劳模、慰问一线职工、走访困难职工家庭，多次就做好服务职工工作发表重要讲话、作出重要指示。在思想认识上，强调群众性是工会组织的本质特征，只有坚持把联系和服务职工群众作为工会工作的生命线，才能牢牢扎根于职工群众，使工会组织成为党执政的坚实依靠力量、强大支持力量、深厚社会基础；在工作目标上，强调要全心全意为广大职工群众服务，不断赢得职工群众的信赖和支持，让工会在职工需要时能看得见、找得到、信得过、靠得住，使所有工会组织都成为名副其实的“职工之家”，所有工会干部都成为职工群众信赖的“娘家人”、贴心人；在服务内容上，强调群众需要的帮助和服务涉及方方面面，群团组织服务群众不能眉毛胡子一把抓，在群众所急、党政所需、自己所能的领域找准着力点，扬长避短、形成特色、发挥优势，强化服务意识，提升服务能力，挖掘服务资源，开展各种为民造福活动；在服务方法上，强调要深入群众，用自己的眼睛看最真实的情况，用自己的耳朵听最真实的声音，把准群众需求的脉搏，建好用好基层服务站点，让群众愿意来，能经常来，建立服务群众满意度评价制度，服务做得怎么样要让群众说了算，并且要根据群众意见不断提高服务水平。这一系列重要指示，为做好新时代服务职工群众工作指明了前进方向，提供了根本遵循。

服务职工是做好党的群众工作的重要手段。贯彻落实以人民为中心的发展思想，做好党的群众工作，具体到工会工作领域，就是要坚持以职工群众为本，竭诚服务职工群众。工会组织扎根在职工群众，力量源泉在职工群众，工会工作本质上就是做职工群众工作；如果联系服务职工群众工作不到位，那么工会将会面临脱离职工群众的危险，工会工作将一事无成，工会为增强党的阶级基础、扩大党的群众基础、巩固党的执政地位作贡献将成为一句空话。各级工会要从增强“四个意识”、坚定“四个自信”，服务党和国家工作大局的高度，认识和把握服务职工群众工作，树立职工利益无小事的理念，满腔热情为职工群众服务，把党和政府的关怀送到广大职工群众心坎上。

*——竭诚服务职工群众，是顺应职工群众对美好生活的新期待，提升职工群众获得感、幸福感、安全感的迫切需要。*工会十七大报告强调，新时代我国社会主要矛盾已经转化为人民

日益增长的美好生活需要和不平衡不充分的发展之间的矛盾。适应这一新变化，不断满足职工群众的美好生活需要，成为新时代工会的奋斗目标。社会主要矛盾的历史性变化，反映了我国发展的阶段性特征，也完全符合职工队伍的实际。在经济发展进入新常态、改革处于攻坚期、社会结构深刻变动的新形势下，职工队伍发生了一系列深刻变化：2017 年第八次全国职工队伍状况调查显示，全国职工总数已达 3.91 亿左右；非公企业职工总数为 3.24 亿人，占职工总数 82.9%；“70 后”“80 后”是职工队伍主体，“90 后”职工大幅增加，“00 后”也逐渐进入职工队伍；农民工总量达 2.82 亿人；战略性新兴产业就业职工人数不断增加，“共享经济”“数字经济”“平台型”就业的劳动者所占比例越来越大。

在这一背景下，职工群众对美好生活的需要也相应呈现如下特点：一是需要的多样化，期盼有更好的教育、更稳定的工作、更满意的收入、更可靠的社会保障、更高水平的医疗卫生服务、更舒适的居住条件、更优美的环境、更丰富的精神文化生活；二是需要的多层次，不同地区、不同行业、不同所有制、不同工种职工在劳动岗位、劳动报酬、教育、医疗、居住等方面利益诉求差异明显，甚至同一地区、同一行业、同一所有制、同一工种职工之间，对于社会状况、基本权利的认知和自身利益的诉求都存在较大差异；三是需要的多方面，职工群众渴望在经济、政治、社会、文化、生态等各方面共享改革发展成果的需要日益迫切，对党和政府以及工会组织提供服务的内容、方式等方面的要求也越来越高。

要实现职工群众对美好生活的向往，要求工会组织必须把竭诚服务职工群众作为一项长期工作抓紧抓好。服务职工工作成效如何，能否让职工群众满意，直接影响工会组织桥梁纽带作用的发挥。各级工会要着眼于增加职工群众的获得感、幸福感、安全感，准确把握职工队伍的内部结构、就业方式、分配方式、利益诉求和思想观念的新变化新特点，把服务职工作为主责主业放到更加突出的位置来抓，不断提升服务职工的质量和水平。

——*竭诚服务职工群众，是工会组织履行基本职责、深化改革创新的内在要求。*工会十七大审议通过了《中国工会章程（修正案）》，其中一项重要的修改内容就是将“竭诚服务职工群众”与“维护职工合法权益”并列作为中国工会的基本职责。这一重大修改，充分表明了服务职工工作是党政所需、职工所盼，也是当前工会工作的重点和难点所在。长期以来，各级工会积极配合党政做好保障和改善民生工作，做了很多雪中送炭、纾难解困的工作，送温暖、职工之家、帮扶中心等工会工作品牌在社会上都很有影响，得到了党政和广大职工的充分认可。但也要看到，工会服务职工工作距离基本职责的要求和职工群众的期待还存在一定差距。2017 年第八次全国职工队伍状况调查显示，职工最希望单位工会开展或加强的职工服务工作，排在前三位的是：提高职工工资收入（27.6%）、开展职工职业技能培训（22.6%）、组织职工参与企业管理（11.8%）；而职工对本单位工会发挥作用情况进行评分时，评分最低的前三项是：“组织职工参与企业管理”（7.06 分）、“提高职工工资收入”（7.09 分）、“提高职工职业技能”（7.41 分），三者完全对应。一定程度说明，在职工心目中，工会最应当做好的工作反而是职工眼中最大的“短板”。同时，工会干部服务职工的能力水平还有待提升，基层工会工作人员短缺的问题还很突出，基层工会主席 76% 是兼职；一部分工会干部联系职工群众还不够密切，对职工群众的呼声和要求反应还不够敏感，一定程度存在不愿做、不会做服务职工工作的问题。

2015 年 7 月，党中央决定将全总作为中央群团机关改革试点单位。全总改革试点方案明确提出，要创建工会网上工作平台，完善服务职工体系，实行普惠性服务。各级工会积极跟进对接全总改革举措，大力推进“互联网 +”工会建设，探索建立网上网下深度融合、互相联动的服务职工新格局，更加高效便捷地服务职工群众。2017 年第八次全国职工队伍状况调查显示，职工对工会网上服务总体满意，95.9% 的职工对参与过的工会网上活动表示满意，96.1% 的职工对网络参与工会服务的便捷程度表示满意，93.2% 的职工认为工会网上服务亲和力比较强、易用程度较高。但也要客观看到，目前工会服务主要还是采取传统的“线下”方式开展，在利用互联网开展服务上尚处于探索发展阶段，开展服务的载体、方法、措施还缺乏经验，职工网上活跃度还不高，网上覆盖群体还不足，网上服务成效与职工渴望享受到更加便捷、更多服务内容的需求之间存在较大差距。

面对新形势新任务，各级工会要把服务职工作为工会改革创新的重要内容，及时调整工会工作领域、工作内容、组织体制、运行机制、工作方式，有针对性地做好服务职工工作。一方面，要发挥传统优势，做实送温暖、困难职工帮扶中心、“金秋助学”等工会传统服务品牌，一点一滴、不怕琐碎，把服务工作做得更实在、更具体；另一方面，要顺应改革大势，坚持运用互联网思维，推动服务范围从“四季歌”式服务到全天候服务转变，服务方式从工会“定菜单”向职工“点菜单”转变，服务手段从线下为主到线上线下互动融合转变，使服务职工群众工作质量全面提升。

二、积极构建组织健全、职能清晰、资源共享、运转高效的服务职工体系

构建组织健全、职能清晰、资源共享、运转高效的服务职工体系，是工会做好服务职工工作的重要基础和前提。服务职工体系是一个涉及制度体系、层级体系、运行体系、保障体系的综合体系，要以职工需求为导向，以组织建设为基础，以作用发挥为关键，以“四个一”（一片心、一叠卡、一张网、一个家）为抓手，以健全机制为保障，努力打造救助、维权、服务为一体的全方位、多角度、多层次服务职工模式。

一是大力推进“会、站、家”一体化建设。“会、站、家”一体化，即以依法建会为基础，以职工服务（困难职工帮扶）中心和职工服务（帮扶）站为抓手，以建设“职工之家”为目标，把组建工会、创办职工服务站点、建设“职工之家”统一起来，形成纵向到底、横向到边、条块结合的工作网络，实现组织机制合一、服务资源合一、服务活动合一，努力破解基层工会组织服务力量薄弱、资源手段有限、经费保障不足、工作阵地缺乏等问题。“会、站、家”一体化建设要突出服务职工的职能定位，整合工会人力、财力、阵地等资源，面向职工群众提供权益维护、帮扶救助、休闲娱乐、志愿服务、科普教育等综合服务，在服务内容上互相融合、形式上优势互补、工作上形成合力，构建联系职工、服务职工的长效机制和载体。

二是积极拓展工会帮扶中心功能。在全国已建立20多万个帮扶中心和站点的基础上，进一步突出服务职工、坚持需求导向、提高服务质量，将帮扶中心打造成普惠服务职工的枢纽型平台。市级以上工会要着重提升困难职工帮扶（职工服务）中心综合服务职工功能，并与政府公共服务平台有效对接，健

全完善党委领导、政府支持、工会运作、资金保障渠道稳定的职工帮扶机制。县（区）工会要推动县（区）财政设立并增加帮扶专项资金，建立健全困难职工档案，打造职工维权、困难救助、就业帮扶、法律援助、信访热线、争议调解、心理疏导一体化、一站式服务平台。推进在职工聚集的乡镇（街道）、开发区（工业园区）、村（社区）建设工会服务职工站点、爱心驿站、企业女职工休息哺乳室等，可由工会单独建设，也可在党群服务站、社区服务站开设工会服务窗口，或者与其他群团组织联合建设，提高服务一线职工的便捷性、普惠性、精准性、常态性。

*三是充分发挥工会资产服务职工的效能。*按照工会资产“回归公益、聚焦主业、自主经营、依法监管”的工作要求，以突出工会资产公益性服务性为主线，坚持鼓励恢复重建、倡导维修改建、规范控制新建的工作方针，着眼盘活现有工会资产，强化工会资产服务基层、服务职工功能。深入开展工人文化宫、工人疗休养院清理整改工作，加强职工互助保障活动规范和管理，推动地方工人文化宫、职工书屋纳入公共文化服务体系，努力办成新时代职工群众的“学校和乐园”；突出抓好劳模疗休养基地、职工医疗康复定点机构、职工健康管理中心等重点业务领域工作，把传统的劳模和职工疗休养转型升级为现代化的健康管理；进一步健全职工互助保障领域的制度，规范职工互助保障活动的原则和管理模式，实现三大领域的资产阵地回归公益、聚焦主业、自主经营、依法监管，让职工能够来、愿意来、经常来，为工会服务职工接长手臂、延伸触角。

*四是推动形成社会化工作格局。*构建服务职工体系，不能靠工会组织“单打独斗”，工会要主动争取党委的领导和政府的支持，树立资源共享、合作共赢的理念，发挥政治引领、

示范带动、联系服务作用，加强与包括社会组织在内的专业服务机构的联系，依法依规购买专业服务项目，接长服务职工工作手臂，构建社会化、市场化、多元化、开放型的普惠性服务职工工作格局。要引导社会公益组织参与一些工会服务项目，精准对接广大职工多样化、个性化需求，提高服务职工社会化程度。支持基层工会结合实际，构建工青妇“大群团”服务模式，推动群团活动阵地“一体化”建设，优势互补、协同联动，实现工作资源共享、工作力量联合、工作效果叠加。

三、探索推进“互联网+”工会普惠性服务新模式

互联网是工会改革创新的突破口，也是服务职工工作的新阵地。开展“互联网+”工会普惠性服务，就是通过运用大数据、云计算等技术，以资源信息共享和工作互联互通为保障，以基层工会和职工信息完整真实为基础，迅速、准确、动态了解职工群众多样化需求，有利于提高服务职工工作的普惠化、精准化水平，为服务职工工作提供了新模式、拓展了新领域。

*一是以工会会员实名制为基础，建设联系职工新平台。*数据信息平台是普惠性服务工作的基础，没有真实有效的信息，精准服务就无从谈起。要搭建数据信息平台，建立健全结构清晰、数据准确、动态管理的工会工作和会员信息基础数据库，建设会员实名制与普惠性服务综合管理系统。要努力打通数据壁垒、消除信息孤岛，推动各级工会、工会各部门相关信息互联互通，切实提高信息采集率与数据准确性，更好用信息化手段掌握职工需求动态，畅通职工沟通渠道，为高效、便捷、精准服务职工群众奠定坚实基础。要有效利用国家基础网络设施和信息资源，整合全国工会系统信息资源，实现资源优化配置

和有效利用。要善于运用信息化手段，深入挖掘市场资源，优化整合职工消费、保险、住房等互助合作和医疗、教育、交通等普惠服务，最大限度地满足职工群众的需求，让职工更好地共享互联网发展成果。

二是以工会会员服务卡为载体，打通服务职工新途径。提升网上服务职工质量，打造多渠道、多形式的网络载体是关键。要按照“宜上则上、宜下则下，宜统则统、宜分则分”的原则，整合工会系统网站、微博、微信、App 客户端等网络平台，建设工会服务职工的工作枢纽平台。充分发挥网络平台在信息时效性、互动性和传播率、送达率方面的优势，运用场景式服务、智能引导等新颖形式，通过开展职工关注度高、喜闻乐见的活动，促进服务“在指尖上移动、在移动中完成”，让“信息多跑路、职工少跑腿”，打造方便快捷、务实高效的服务职工新通道。要建立“扁平化”服务模式，通过工会与职工群众“指尖上的互动”，提高工会感知职工群众期盼、服务职工群众需求的能力，使工会服务更加直接、更加深入、更加贴近职工群众，努力把基层工会建设成直接为职工服务的基地。

要注重优选服务项目，在完善工会传统服务项目的基础上，坚持统一性服务和差异化服务相结合，充实服务内容。充分发挥大数据、新媒体的重要作用，深入了解职工群众需求，掌握职工群众所需所急所盼，不贪多、不求全，因地制宜提供职工群众感兴趣、受欢迎的服务项目。实践证明，工会会员服务卡是开展工会普惠性服务的重要载体，也是实现工会会员实名制、信息化、动态化管理的有效手段。工会会员服务卡不同于一般的银行卡，服务质量如何，事关职工群众对工会组织的认同度和信任感。要坚持从职工群众需要出发开展工作，优选合作单位，本着职工自愿的原则，不搞一刀切、不下硬指标，积极稳妥推进工会会员服务卡建设工作。要加强区域合作、共享资源优势，逐步实现工会会员服务卡跨地区乃至省际通用，使服务卡成为广大职工看得见、用得着、值得信赖的“连心卡”。

三是以完善和发展网上入会为突破，拓展组织职工新形式。把职工群众组织到工会中来，是为他们提供服务的基本前提。各级工会在这方面作了不少探索，有效畅通了职工入会渠道，特别是网上申请入会等方式，顺应信息化时代发展趋势，适应职工队伍特点，成为组织入会和会员发展工作的一个亮点。要进一步发展和完善网上申请入会的工作方式，打造面向职工的便捷入会窗口，形成服务促进入会、入会即享服务的良好局面。对于所在企业尚未建会、已经网上申请入会的职工，可以探索在乡镇（街道）工会下面建立综合性基层工会组织，对其进行批准入会和登记管理。未建会企业的工会会员达到一定数量后，上级工会要依法帮助指导企业建会。要坚持建会与服务并重，加强对会员信息和普惠性服务信息的分析研究，运用会员大数据信息，更好满足会员多元化需求，让广大职工享受到实实在在的好处，影响和带动更多职工加入到工会组织中来。

四、努力实现工会服务职工工作常态化

服务职工工作没有终点站，只有连续不断的新起点。立足社会主义初级阶段这个最大实际，工会服务工作既要突出困难职工、农民工等重点群体，又要着眼广大职工群众需求，拓展服务范围，加大服务力度，做到哪里有职工，哪里就有工会组织提供的贴心服务，实现服务对象全覆盖、服务时间全天候，实现工会服务职工工作常态化。

一是打赢困难职工解困脱困攻坚战。实现精准脱贫是全面建成小康社会必须打赢的攻坚战。按照党中央和各省级党委

统一部署，全总机关和29个省（区、市）总工会都承担了相应的定点扶贫任务，部分省（区、市）总工会还作为牵头单位负责协调多个部门对县、区的扶贫工作。各级工会要把脱贫攻坚摆上工会工作的重要议事日程，坚持扶贫与扶志、扶智相结合，在贫困地区基础设施建设重点项目、民生工程建设中，组织动员职工开展重大工程劳动和技能竞赛活动，组织对贫困地区的技术指导和技术帮扶，解决贫困地区企业发展中遇到的技术难题，推动贫困地区和民族地区破除发展瓶颈制约。加强贫困地区基层工会建设，组织符合条件的贫困群众加入工会组织，通过帮扶救助和各类服务，帮助贫困人口稳定脱贫。把工会工作资源手段向贫困地区特别是深度贫困地区倾斜，推进工会系统东西部扶贫协作工作，加强工会对口援疆援藏工作。

城市困难职工解困脱困工作是脱贫攻坚战略的重要组成部分，是事关千家万户、事关困难职工切身利益的“民心工程”，也是工会服务职工工作的重要组成部分。截至2018年1月，工会建档立卡的困难职工为247.24万户，人均纯收入低于低保线的贫困职工有63.46万户。为认真落实习近平总书记提出的“全面建成小康社会，一个都不能少；共同富裕的路上，一个都不能掉队”的重要指示精神，各级工会主动对标党中央2020年脱贫攻坚目标，同步制定城市困难职工解困脱困工作目标，即确保到2020年，通过精准帮扶，人均纯收入在现行城市低保标准下的贫困职工全部实现脱困，对于因残疾、重病丧失劳动能力的深度贫困职工，推动政府纳入救助制度兜底，建立工会常态化帮扶机制，保障他们生活水平超过低保标准以上实现解困脱困。

困难职工解困脱困工作目标明确、重在落实，必须始终把“精准”贯穿全过程。要精准识别。认真执行全总关于困难职工建档立卡、困难标准衡量、解困脱困标准、家庭状况核查等标准和流程，建立健全困难职工结对帮扶制度，全面了解困难职工真实状况，摸清困难职工底数，摸清帮扶需求，制定帮扶措施，切实当好困难职工的第一知情人、第一报告人、第一帮助人。要精准施策。坚持分类指导，有针对性地进行政策帮扶，针对有劳动能力的困难职工，通过加强技能培训、提供创业援助等方式，以就业创业解困脱困一批；针对因企业欠缴社会保险费或没有落实相关社保待遇的困难职工，将其纳入国家社会保险制度覆盖一批；针对因病致困的职工，推动将其纳入大病保险和医疗互助保险保障一批；针对符合低保条件的困难职工，通过社会救助兜底一批。要精准发力。主动参与《慈善法》《社会救助暂行办法》等有关社会救助、社会福利、社会公共服务方面政策制度的研究制定修订，从源头上助推困难职工解困脱困。积极争取党委和政府支持，争取中央财政加大对帮扶专项资金投入，带动各级地方财政加大资金支持力度，并综合运用扶贫、社保、就业创业、社会救助等政策，汇聚政策、公益慈善、社会组织、企业等各方资源，对接困难职工需求。充分发挥工会帮扶中心在城市困难职工解困脱困工作中的作用，广泛开展职工志愿服务行动，鼓励和发展职工互助保障项目，在工会经费预算中加大帮扶资金和工作经费投入，切实将资源和力量向困难职工帮扶工作倾斜。

二是提升服务农民工质量。要提高农民工的组织化水平。深入开展“农民工入会集中行动”，通过网上宣传引导入会、在线申请入会、手机 App 申请入会等新渠道，以“货车司机入会集中行动”试点工作为抓手，推动快递员、家政服务员等以农民工为主体的“八大员”入会。积极推进会员实名制管理，加强农民工输出地和输入地工会协同配合发展农民工入会，把回乡创业的农民工也组织到工会中来，确保会员流动而不流失，持续扩大工会组织对农民工的有效覆盖。

要突出服务农民工重点。强化农民工就业创业服务，协助各级党委和政府推动落实就业创业扶持政策，开展工会就业创业援助月和技能培训促就业活动，支持有条件的农民工以创业带动就业，帮助农民工实现稳定就业和更高质量的就业。配合做好治欠保支工作，完善欠薪农民工跨区域维权协作机制，确保农民工及时足额拿到工资。积极推动农民工素质提升，参与国家农民工职业技能提升计划，联合教育等部门加大农民工职业培训力度，提供产教融合、校企合作、工学结合的农民工继续教育和技术技能培训新模式。加强对农民工的法律援助和法律服务，联合开展“尊法守法·携手筑梦”服务农民工法治宣传行动和公益法律服务行动，扩大法律援助范围，培育农民工法治理念，引导农民工依法理性有序表达利益诉求，提高依法维护自身合法权益的能力水平。积极参与涉及农民工的劳动争议特别是集体劳动争议处理工作，推进矛盾纠纷多元化解机制建设，促进劳动关系和谐。

要助推农民工融入城市。在全国范围内开展送温暖、农民工平安返乡、金秋助学和女职工关爱行动等活动，缓解农民工基本生活、返乡返岗、子女就学等压力。在县级以上普遍建立以农民工为主要服务对象的户外劳动者服务站点体系，进一步改善户外农民工工作条件。将困难农民工纳入工会帮扶范围，利用政府、工会和社会资源，帮助其解困脱困。通过互助互济、结对帮扶等措施，推动在城市长期居住、生活遇到特殊困难的农民工享有均等化公共服务，生活条件得到改善。加强对农民工的人文关怀和心理疏导，把服务农民工工作做得更具体、更温暖、更扎实。

三是推动工会服务从“特惠”向“普惠”转变。随着职工队伍不断扩大，职工群众的利益诉求和服务需求越来越多元多样，工会服务职工工作不仅要着眼于困难职工、农民工等特殊群体，还要不断扩大覆盖面和受益面，改变过去只针对少数职工群体开展帮扶的特惠化服务现状，力争为广大职工群众提供无差别的、普惠化的服务，最大限度地吸引凝聚职工群众。要推行工会服务职工工作项目清单制度，根据行业、地域、职业等特性，结合不同职工群体特点，制定基础型、激励型、保障型、福利型、发展型等具有个性化的服务项目，为职工提供多层次菜单式物质性、精神性、文化性、发展性服务。要特别关注新型就业群体，推动服务职工工作向新领域、新阶层、新群体拓展。

工会开展的职工互助保障活动是国家多层次社会保障体系的重要组成部分，是工会服务职工的传统特色工作。要大力弘扬互助互济精神，在全民医保的整体框架下，加强与政府基本医疗保险、大病保险和工会帮扶工作的有效衔接，根据本地区经济发展水平、医疗保障状况、职工队伍规模开展活动。要坚持公益性、非营利性的方向，采取会员制运作模式，遵循大数法则，组织职工广泛开展互帮互助活动，为职工提供低成本、低收费的普惠性保障服务，体现工会大家庭的温暖。

推动完善职工福利制度，做好职工生活保障服务，也是工会服务职工的重要抓手。为保障职工正常福利，2014 年以来，全总先后制定出台《关于加强基层工会经费收支管理的通知》《关于〈关于加强基层工会经费收支管理的通知〉的补充通知》《基层工会经费收支管理办法》等文件，明确职工正常福利的范畴，积极推进普通职工特别是一线职工的正常福利落实。各级工会特别是企业工会要在严格执行中央八项规定及其实施细则精神、从严规范工会经费开支的基础上，推动改善住房、交通、伙食、教育培训、医疗保健、带薪年休假、精神文化等职工集体福利，切实把职工群众的正当福利待遇维护好落实好。

深化工会改革创新

李　羿

2018年是改革开放40周年。1978年，以党的十一届三中全会为标志，我们党带领包括工人阶级在内的全国各族人民开启改革开放的历史征程，极大地解放和发展了中国社会生产力，开辟了中国特色社会主义道路，书写了国家和民族发展的壮丽史诗。工会十七大报告提出，改革创新是时代发展的最强音，也是工运事业蓬勃发展的不竭动力。各级工会要聚焦增强政治性、先进性、群众性，进一步优化工会的组织体制、运行机制、管理模式和工作方式，将工会改革进行到底。

一、推进工会改革的重要性和紧迫性

推进工会改革，以改革为动力推进工会工作全面创新，对于焕发工会组织新的生机和活力，巩固党执政的阶级基础和群众基础，团结引导广大职工群众为决胜全面建成小康社会、实现中华民族伟大复兴的中国梦作贡献，具有重大而深远的意义。要从党和国家工作大局、工会工作全局的高度，充分认识工会改革的重要性和紧迫性。

工会改革是贯彻落实习近平新时代中国特色社会主义思想和党的十九大精神的具体实践。坚持全面深化改革，是习近平新时代中国特色社会主义思想的基本方略之一。习近平总书记强调，要坚持增强政治性、先进性、群众性的工会改革方向，指出时代在发展，事业在创新，工会工作也要发展、也要创新；加强和改进新形势下工会工作，最重要的是要保持和增强政治性、先进性、群众性。在建机制、强功能、增实效上下功夫，创新组织体制、运行机制、活动方式、工作方法，让职工群众真正感受到工会是“职工之家”，工会干部是最可信赖的“娘家人”、贴心人，把工会组织建设得更加充满活力、更加坚强有力。这些重要论述，贯穿着改革精神和问题导向，站在更高起点谋划和推进改革，对群团改革提出了系统明确的要求，既非常鲜明地提出问题，又有的放矢地回答问题，为包括工会工作在内的群团事业发展指明了方向，提供了强大思想武器，是弘扬改革精神、解决突出问题的党的群团改革动员令，也是引领我们谱写新时代工会改革新篇章的科学指南。工会改革必须以习近平新时代中国特色社会主义思想特别是习近平总书记关于工人阶级和工会工作的重要论述为指导，结合工会工作实际，推动其在工会系统形成生动实践。

工会改革是全面深化改革的组成部分。改革创新是社会发展进步的动力和时代潮流。党的十八大以来，党中央着眼推进中国特色社会主义制度自我完善和发展，提出并形成了“四个全面”战略布局，全面深化改革是“四个全面”战略布局中具有突破性和先导性的关键环节。党的十九大和十九届三中全会围绕党和国家事业发展新要求，对全面深化改革提出了新任务，部署了一大批力度更大、要求更高、举措更实的改革任务，改革将进一步触及深层次利益格局的调整和制度体系的变革，复杂性、敏感性、艰巨性更加突出。全面深化改革不是某一领域某个方面的单项改革，而是一个涉及经济社会发展各领域的复杂系统工程，具有系统性、整体性、协同性，必须充分调动各方面积极性，紧紧依靠包括广大职工在内的全体人民共同努力。

工会工作是党的群团工作、群众工作的重要组成部分，是党治国理政的一项经常性、基础性工作。工会改革作为全面深化改革的有机组成部分，纳入改革总台账一起推进，有利于工会完善组织体制、管理模式，改进运行机制、活动方式，在统筹推进“五位一体”总体布局和协调推进“四个全面”战略布局中更好地发挥作用；有利于进一步增强工会组织的吸引力凝聚力战斗力，把广大职工更加紧密地团结在党的周围；有利于工会组织更好发挥密切联系职工群众的优势，引导广大职工群众投身全面深化改革的洪流，积极参与支持推进改革，夯实改革的群众基础。

工会改革是落实党中央决策部署、推动群团改革的重要内容。以习近平同志为核心的党中央高度重视群团和工会改革创新。2015 年 1 月，党中央印发了《中共中央关于加强和改进党的群团工作的意见》，强调改革创新是群团工作发展进步的不竭动力，要不断推进群团工作和群团组织建设理论创新、实践创新、制度创新。2015 年 7 月 6 日，习近平总书记在中央党的群团工作会议上发表重要讲话，对群团组织改革创新提出明确要求，强调工会、共青团、妇联等群团组织要增强自我革新的勇气，下大气力解决突出问题。7 月下旬，党中央决定在全国总工会开展中央群团机关改革试点。11 月 9 日，习近平总书记主持召开中央全面深化改革领导小组第十八次会议，审议并原则同意《全国总工会改革试点方案》（以下简称《试点方案》），对推进群团改革提出明确要求。11 月 16 日，中央全面深化改革领导小组办公室向全总党组下发通知，明确《试点方案》已报中央批准，可按方案启动试点工作，并要求加强组织领导，积极推动改革，把改革方案落到实处。2017 年 2 月 6 日，习近平总书记主持召开中央全面深化改革领导小组第三十二次会议，听取了全国总工会、上海市、重庆市群团改革试点工作总结报告，充分肯定试点工作取得的明显成效，明确要求要继续在建机制、强功能、增实效上下功夫，巩固改革成果。8 月 22 日，习近平总书记对群团改革工作作出重要指示。8 月 26 日，刘云山同志主持召开群团改革工作座谈会，对贯彻落实习近平总书记重要指示精神、深化群团改革提出要求。党的十九届三中全会在谋划党和国家机构改革中，对深化群团改革提出了新的要求。这些重大决策部署，对推进工会改革指明了方向，提出了要求。坚定不移推进工会改革，是贯彻落实党中央加强和改进新形势下党的群团工作的重要举措，是工会必须完成的一项重要政治任务。

工会改革是坚持群众路线、更好服务广大职工群众的迫切需要。群众路线是党的生命线和根本工作路线，也是工会工作的生命线和根本工作路线。贯彻落实党的群众路线，要把竭诚为职工群众服务作为工会一切工作的出发点和落脚点，实现好、维护好、发展好职工群众的根本利益。随着经济社会的发展，职工队伍发生深刻变化，农民工已经成为产业工人的主体，职工需求更趋多元，对差异化、精准化服务的需求更加迫切，特别是新生代职工视野更加开阔、自主意识更强，维护自身权益、实现自身价值的呼声日益突出。但是，有的地方工会特别是基层工会的职能作用发挥还不够充分，维权服务工作与职工多样化需求还有一定差距；一些工会组织对职工特别是青年职工、农民工等吸引力还不够强，职工参加工会活动的积极性还不够高，等等。职工群众对工会组织的迫切需要，既是推动工会工作的重要动力，也是工会改革的努力方向。

工会改革是工运事业和工会工作保持生机活力的内在要求。与时俱进、改革创新一直以来都是工会工作和工运事业的鲜明特色。随着党在革命、建设、改革的各个历史时期中心任务的变化，中华全国总工会的任务、职能及其机构设置、工作方式等也在相应地调整和变化。近年来，面对错综复杂的国际形势和艰巨繁重的国内改革发展稳定任务，我国经济发展方式加快转变，新的增长动力正在孕育形成，经济运行的新常态特征更加明显，经济社会发展面临一些突出矛盾和问题。与形势任务的要求相比，与党的要求和职工群众的期待相比，工会组织还存在着不适应，工会工作还存在一些亟待解决的问题，如领导机构组成人员广泛性和代表性不够，基层基础工作比较薄弱，组织覆盖面不全，维护职工权益不尽到位，等等，影响了工会职能的发挥和工作水平的提升，制约了工会工作的深入开展。面对时代发展、社会变化带来的新情况新挑战，工会组织如何适应新形势新要求，推进改革创新，永葆生机活力，是必须破解的现实难题。只有通过改革，转变思想观念、调整思维方式、创新运行机制和工作方法，努力破解制约工会工作创新发展的制度性障碍，才能不断增添工会工作新活力，把工会工作提高到新水平。

二、深化工会改革创新的基本原则

深化工会改革创新事关工会工作全局和工运事业长远发展。为确保改革顺利推进，各级工会要贯彻落实全总印发的《关于贯彻落实习近平总书记“8·22”重要指示和群团改革工作座谈会精神　深化工会改革创新方案》（2017年10月10日）和《深化工会改革创新实施方案》（2018年9月25日），准确把握深化改革创新的基本原则。

一是必须牢牢把握保持和增强政治性、先进性、群众性这条主线。习近平总书记强调，要保持和增强群团工作和群团组织的政治性、先进性、群众性，深刻回答了群团事业坚持什么原则、朝着什么目标努力等重大问题，是群团组织改革必须牢牢把握的主线。这是新时代工会工作的方向，也是工会改革的方向。要把保持和增强政治性放在第一位，始终在政治立场、政治方向、政治原则、政治道路上同以习近平同志为核心的党中央保持高度一致，把党的全面领导、党对职工群众的关心关怀、党中央对群团工作和群团改革的各项要求落到实处。要把保持和增强先进性作为重要着力点，牢牢把握为实现中国梦而奋斗的时代主题，紧紧围绕党和国家工作大局，把亿万职工群众组织起来、动员起来、团结起来，始终作党执政的深厚阶级基础和群众基础、改革发展稳定的坚实依靠力量、实现中国梦的主力军。要把保持和增强群众性作为工会组织的根本特点，带着对职工群众的深厚感情履行工会组织的基本职责，建立健全联系职工群众的长效机制，更多地关注、关心、关爱普通职工群众，按照职工群众需求提供精准对路的服务。

二是必须突出克服和防止“机关化、行政化、贵族化、娱乐化”现象这一问题导向。问题是时代的声音，也是改革的动因。坚持问题导向，是以习近平同志为核心的党中央治国理政的鲜明特征，也是当前全面深化改革的重要原则和思想方法。深化工会改革创新必须聚焦问题，对症下药，有针对性地解决工会工作中的瓶颈难题，才能有效发挥好工会组织作为党联系职工群众的桥梁纽带作用。当前群团组织存在的突出问题，就是“机关化、行政化、贵族化、娱乐化”的问题。“四化”问题是长期以来群众反映比较强烈的问题，也是推进改革的重点和难点所在。要坚持突出问题导向，树立问题意识，认真梳理“四化”问题在工会组织不同地方、不同部门中的具体表现，找准症结、对症下药，一个一个地研究，着力破解运行机制机关化行政化倾向、基层基础薄弱、工作供给与职工需求不匹配、干部能力素质不适应形势任务要求等突出问题，始终保持改革力度不减、创新动力不衰。只有坚持以问题为导向，工会改革才能有的放矢，改革效果才能取信于基层、取信于职工。

三是必须抓住增强基层工会活力、发挥基层工会作用这个关键环节。基层工会直接联系和服务职工群众，是落实工会各项任务的具体组织者、推动者和实践者，是工会全部工作的基础和关键。工会工作的重点在基层，薄弱环节也恰恰在基层。基层工会“缺人、缺钱、缺指导”的现状，使其难以有效实现“建起来、转起来、活起来”，影响了工会整体功能的发挥。工会改革就要坚持眼睛向下、面向基层，有效保护和调动职工群众和基层工会干部的积极性、主动性、创造性，实现基层工会“有人办事、有钱办事、有能力办事”。必须着眼于扩大基层工会覆盖面，把更多的工会资源向基层倾斜，把更多的工作精力投入基层一线，尊重基层首创精神，鼓励结合实际大胆创新，总结推广实践中的好经验好做法，使工会改革更加精准地对接基层所需、职工所盼，逐步解决基层工作中面临的困难和问题，使工会组织在基层和职工群众中更好地凝聚人心、联系群众、坚守前哨，成为更加坚强有力的战斗队、工作队。

四是必须坚持以职工为中心这一工作导向。坚持以人民为中心，是习近平新时代中国特色社会主义思想的重要内容，也是推进全面深化改革的基本价值取向。职工群众是工会改革不竭的力量源泉，职工群众关心关切就是工会改革创新的根本动力，广大职工满意不满意、答应不答应、赞成不赞成是检验改革创新成效的根本标准。工会改革不能关起门搞自我封闭、自我循环，要站在职工立场、从职工利益出发，抓住职工群众最关心最直接最现实的利益问题和最困难最忧虑最急迫的实际问题，谋划改革思路、制定改革举措，坚持职工群众关心什么、期盼什么，工会改革就抓住什么、推进什么，让职工群众当主角，做到职工有所呼、改革有所应，按照职工群众需求提供精准对路的服务，让职工群众从改革中得到更多实惠，努力使工会改革符合广大职工群众意愿、得到广大职工群众拥护，增强职工对工会改革创新的获得感、认可度，使工会工作深深植根于广大职工群众之中。

三、深化工会改革创新的重点举措

工会改革虽然已经取得了积极进展和成效，但与党中央的要求和职工群众期待相比，还存在一些问题和不足。如一些基层工会组建质量不高、基础薄弱、人手不足，一些工会干部抓改革落实的积极性主动性不够高，导致一些改革措施落地不够实；工会兼挂职领导干部职责定位和作用发挥、专职干部“遴选制”、编制“减上补下”等改革创新措施存在法律制度缺失和滞后现象，制度配套不完整；由于各地工会改革基础有强有弱、起步有早有晚，改革步伐参差不齐，存在少数地方改革运作小、跟进不及时现象；一些工会改革措施集成性有待提高，缺乏与政府有关部门和社会各界的互联互通共享，相关社会资源整合不到位，等等，需要有针对性地加以探索改进，持续用力、精准发力、久久为功。

深化工会改革创新关键在深化，深化既体现在改革的全面发力、多点突破、纵深推进上，也体现在重大改革举措要在重要领域和关键环节取得突破性进展上。全总2018年9月印发的《深化工会改革创新实施方案》（以下简称《方案》），从加强党的全面领导、深化领导机构改革、优化强化工会职能、健全服务职工工作体系、不断夯实工会基层基础、扎实推进网上工会建设、建设高素质专业化干部队伍等7个方面，提出了30条具体举措，对深化工会改革作出新的部署。各级工会要按照工会十七大对工会改革创新的部署，贯彻落实《方案》要求，将“顶层设计”和“基层探索”有机结合，着力在“深化”和“创新”上做文章，切实增强工会组织团结教育、维护权益、服务职工功能，构建联系广泛、服务职工的工会工作体系，把工会组织建设得更加充满活力、更加坚强有力，最大限度地把职工组织凝聚起来，坚定不移听党话、跟党走。

一是上下联动、整体推进工会改革。

——深化领导机构改革。着眼增强改革的系统性、整体性、协同性，搞好顶层设计，加强与中央和地方机构改革衔接协调，强化优化职能，聚焦主责主业，破解制约工会工作创新发展的制度性障碍，形成联系广泛、服务职工的工会工作体系。密切上下级工会关系，上级工会依法依章程加强对下级工会的领导，健全完善定期报告工作、重大事项请示报告、信息报送、工作通报、指导服务等制度，加强工会领导机关部门、产业、直属单位工作统筹。

——推进扁平化管理。探索建立专项小组开展工作，加强工会领导机关对下的指导服务。研究制定基层工会各项业务工作模块手册（指引、指南）。加强工作规划管理，强化会议、发文计划约束刚性，统一归口统计报表报送，统筹安排调研活动，提高机关运行规范性。

——探索创新产业工会工作。适应深化党和国家机构改革新情况，对接政府机构改革、国有企业改革，调整相关全国产业工会设置，地方根据产业发展实际建立健全产业工会组织体系。理顺地方工会与全国产业工会、领导机关部门与产业工会、企业集团工会与地方工会及产业工会关系，调整和优化产业工会委员单位组成，适当扩大非公有制企业、社会组织委员名额比例，增强代表性，扩大覆盖面。加大对产业工会工作的支持保障力度，支持产业工会结合产（行）业实际，积极主动发挥作用。做好工会系统经营类事业单位转企改制工作。

二是积极建设智慧工会。

——推进工会网上工作。强化“互联网+”工会顶层设计，在实体工会架构上，充分运用现代网络技术和手段，充分激发工会干部的智慧和能力，以“四个一”（一片心、一叠卡、一张网、一个家）为抓手，促进互联网和工会工作融合发展，打造工会工作升级版。调整相关部门职能，优化、创新组织分工和工作流程，打造网上网下相互促进、有机融合的工作新格局。各级工会干部特别是领导干部要主动适应信息化要求、强化互联网思维，不断提高对互联网规律的把握能力、对网络舆论的引导能力、对信息化发展的驾驭能力、对网络安全的保障能力。

——加快建设网上工作平台。推进实施《全国工会网上工作纲要（2017—2020年）》，建设实名动态、全面覆盖、安全共享的工会大数据库。全总抓紧建设全国工会网上工作通用平台，省级工会积极开展本地区工会网上工作平台建设。省级、地（市）级工会建立门户网站，有条件的县（区）级工会可单独建立门户网站或在地（市）级网站中开设频道。企事业单位工会建设内部联系职工网上平台。推进上下级工会组织间互联互通，逐步形成全总主导、地方跟进、产业参与、协同互动、线上线下有机结合的工会网上工作体系。充分利用移动客户端、微博、微信，结合“12351”职工服务热线，建立健全工会新媒体矩阵。加强对“两微一端”建设的集约化管理，城市工会建立统一的“两微一端”。

——改进网上宣传引导。充实网上工作平台内容，门户网站承担信息发布、政策解读、办事服务等功能，“两微一端”突出技能培训、维权服务等功能。强化网上工作平台大数据分析处理和综合利用，建立配套的网上服务意见反馈渠道和绩效评估机制。整合工会新媒体阵地，做强网上正面宣传，把握好网上舆论引导的时、度、效，提高重大舆情反应处置能力，构建网络清朗空间。建设高素质、专业化的工会网宣队伍，培养一批工会网宣专家。

三是不断夯实基层基础。

——明确基层建设重点。树立大抓基层的鲜明导向，坚持落实到基层、落实靠基层理念，把工作力量、经费使用等进一步向基层倾斜，实现依法建会、开门办会、从严治会、人才兴会。重点指导城镇和开发区（工业园区）做好工会组建和会员发展工作，大力推进非公有制经济组织、社会组织建会，瞄准货车司机等群体，聚焦建筑项目、物流（快递）业、家庭服务业、农民专业合作组织等领域（行业），做好服务业职工和农民工入会工作。健全乡镇（街道）—村（社区）—企业小三级工会组织体系，做到哪里有职工群众、哪里就要有工会组织，哪里需要做群众工作、工会工作就跟进到哪里。加强县级和中心城市行业工会建设，推进新经济组织、新社会组织、开发区（工业园区）工会建设，加强工会女职工组织建设，提高建会质量。加强走出去企业、“一带一路”建设中海外企业工会工作。

——创新建会方式。根据企业职工人数和产（行）业分布实际，采取企业工会、工会联合会、联合工会等多种形式建会，加强基层工会规范化建设，构建纵横交织的网络化工会组织体系。完善工会联合会组织架构。强化职工在建会中的主体地位，探索职工网上申请入会等方式，推动工会组织向新兴领域新兴群体延伸。推进基层工会组织和工会会员实名制管理，逐步实现工会组织和工作覆盖精准化。规范集团公司工会组织领导关系和管理体制，坚决制止、纠正随意撤并工会组织和机构、弱化工会地位和作用的行为。对基层工会工作实施权责清单管理和绩效考核制度，实行开门办会，深化会员评家工作，总结推广职工对工会工作定期开展满意度评价的经验做法，把工会真正建成职工信赖的“职工之家”。

——壮大基层工作力量。在企业中大量发展和培养工会积极分子，建立健全企业兼职工会干部工作补贴制度，加强社会化工会工作者队伍建设。改进工会经费使用管理，明确各级工会领导机关经费支出责任，改革现行预算分配办法，健全完善全总、省级工会经费回拨机制，地（市）级工会对重点工作作出倾斜性经费支出安排。健全完善对乡镇（街道）工会工作经费补助机制，加大对县级以下区域性、行业性工会联合会经费的支持保障力度。研究解决工会组织体制与财务管理体制脱节问题。

四、抓好对深化工会改革创新工作的组织实施

一是加强组织领导。各级工会领导班子要增强深化工会改革创新的历史使命感、政治责任感和工作紧迫感，把这项工作摆上重要日程。全总要充分发挥统揽全局、抓总决策的作用，定期对深化工会改革创新的重大事项进行研究部署；各级工会要按照实施方案要求，坚持一把手亲自抓、负总责，细化分解任务，明确时间表、路线图，严格工作责任制，建立工作台账，做到有目标、有措施、有责任人，确保各项改革措施落到实处。

注重用制度巩固改革成果，把经过实践证明有效的做法上升为制度机制。

二是加强统筹协调。要完善工作制度、理顺工作机制，统筹工作力量、凝聚工作合力，形成上下联动、整体推进深化改革创新的工作格局。把深化工会改革创新与推进新时期产业工人队伍建设改革有机结合起来，与做好工会各项工作有机结合起来，统筹部署、协调推进、一体落实，使之相互衔接、相互促进。

三是加强分类指导。要坚持因地制宜，注重精准施策，不搞上下一般粗，针对不同层级工会组织提出具体化的目标要求和可操作性强的措施方法。坚持问计于基层、问需于基层、问效于基层，充分激发基层的创新创造活力，善于发现基层创造的有益经验，及时总结、推广一批不同层次、不同区域、不同类型的深化工会改革创新经验。

四是加强督查问效。要进一步抓好改革措施落实情况的跟踪问效，及时通报各级工会深化改革创新进展情况，在发现问题、解决问题上下功夫，把鼓励先进和督促后进有机结合起来，形成层层抓落实、人人抓落实、事事抓落实的良好局面。对督查发现的问题，要认真研究梳理，列出问题和责任清单，明确时限要求，坚持有什么问题就整改什么问题，是谁的问题就由谁来负责整改，以点带面，推动工会改革不断向前推进。健全改革督查机制，强化跟踪问效，采取职工满意度测评、第三方评价等方式，完善改革效果评价机制，切实提高职工群众对工会改革的获得感、认可度。

推进工会系统党的建设

逄国君

办好中国的事情，关键在党。党的十八大之后，党中央作出全面从严治党的战略部署，以坚定决心、顽强意志加以推进，团结带领全党开创了党的建设新局面，为党和国家事业取得历史性成就、发生历史性变革提供了坚强政治保证。党的十九大站在新的历史起点上，对加强党的建设、推进全面从严治党作出顶层设计，提出了新时代党的建设总要求，号召全党必须毫不动摇坚持和完善党的领导，毫不动摇把党建设得更加坚强有力。工会十七大报告贯彻落实党中央部署要求，立足中国工会的性质和特点，把推进工会系统党的建设作为今后五年工会工作的重要任务，明确提出要认真贯彻新时代党的建设总要求，以党的政治建设为统领，带动工会自身建设全面推进。

一、以党的政治建设为统领，不断提高工会系统党的建设质量

习近平总书记指出，旗帜鲜明讲政治是我们党作为马克思主义政党的根本要求。党的十九大将政治建设纳入党的建设总体布局之中，突出政治建设在党的建设中的重要地位，明确提出以党的政治建设为统领，这是对马克思主义党建理论的重大发展。党的政治建设是党的根本性建设，决定党的建设方向和效果，必须放在首位、作为统领。

始终坚持和加强党的领导。党政军民学，东西南北中，党是领导一切的。习近平总书记指出，工会工作做得好不好、有没有取得明显成效，关键看有没有坚持正确政治方向；坚持正确政治方向，就是要坚持中国共产党领导和我国社会主义制度。中国工会是党领导的工人阶级群众组织，是党领导工人运动的重要组织力量。坚持自觉接受党的领导是中国工会的历史选择，是中国工运事业胜利前进的根本保证。工会要永远保持自觉接受党的领导这一优良传统。坚持和加强党的领导，首先是坚决维护习近平总书记党中央的核心、全党的核心地位，坚决维护党中央权威和集中统一领导，这是党的领导的最高原则。工会各级党组织和广大党员干部要提升政治站位，认真落实《中共中央政治局关于加强和维护党中央集中统一领导的若干规定》精神，增强“四个意识”，坚定“四个自信”，做到“四个服从”，引导广大职工不断增强政治认同、思想认同、情感认同，始终在政治立场、政治方向、政治原则、政治道路上同以习近平同志为核心的党中央保持高度一致。要坚持和加强党的组织领导。坚持工会接受同级党委和上级工会双重领导、以同级党委领导为主的组织领导体制，健全全总党组向党中央、各级工会党组织向同级党委请示报告工作制度，做到重大事项、重大问题及时请示报告。要充分发挥工会系统党组织的领导核心作用和战斗堡垒作用、共产党员的先锋模范作用，忠诚党的事业、竭诚服务职工，把对党负责和对职工群众负责统一起来，把党的要求和职工群众的愿望统一起来，把执行党的政策的坚定性与为职工服务的实效性统一起来，自觉把党的路线方针政策和工作部署要求贯彻落实到工会各项工作中去，把党的意志和主张落实到广大职工群众中去，生根发芽，落地开花。

严肃党内政治生活。习近平总书记要求，要严格执行新形势下党内政治生活若干准则，增强党内政治生活的政治性、时代性、原则性、战斗性，自觉抵制商品交换原则对党内生活的侵蚀，营造风清气正的良好政治生态。进一步加强和规范党内政治生活，提高党内政治生活质量，是各级党组织贯彻全面从严治党要求的重要举措，也是推动全面从严治党向纵深发展的重要抓手。严肃党内政治生活，必须抓好党章的学习贯彻。党章是党的根本大法，是全党必须遵循的总规矩。要推进“两学一做”学习教育常态化制度化，把学习贯彻党章作为工会系统党员干部学习培训和民主生活会、组织生活会的重要内容，系统学习党章，重点把握党的十九大党章修改和增写的内容，让党章深深刻印在每个党员干部的心里。严肃党内政治生活，必须严格党的组织生活制度。坚持政治高标准、党性严要求，严格落实党内政治生活若干准则、党内监督条例等党内政治生活制度，完善和落实民主集中制的各项制度，坚持“三会一课”、民主生活会、组织生活会、主题党日等组织生活制度，重视加强政治学习，保证党内政治生活的重要载体得到有效落实。党员领导干部要过好双重组织生活，严肃认真开展批评和自我批评，把党内政治生活作为锤炼党性的熔炉、强化纪律的训练场。严肃党内政治生活，要注重加强党内政治文化建设，弘扬忠诚老实、公道正派、实事求是、清正廉洁等价值观，树立工会组织良好的社会形象。

不断提高政治能力。政治能力，就是把握方向、把握大势、把握全局的能力，保持政治定力、驾驭政治局面、防范政治风险的能力。在领导干部的所有能力中，政治能力是第一位的，起着领头和管总的作用。提高工会系统党员干部特别是领导干部的政治能力，必须牢固树立政治理想，筑牢信仰之基、补足精神之钙、把稳思想之舵，坚定中国特色社会主义道路自信、理论自信、制度自信、文化自信；必须坚持共产党人价值观，不断提高政治觉悟，树立正确的世界观、权力观、事业观，做到以信念、人格、实干立身；必须加强政治历练，不断增强政治敏锐性和鉴别力，在重大政治原则和大是大非问题上毫不含糊、毫不动摇；必须严格遵守政治纪律，在政治方向、政治立场、政治言论、政治行为方面严守规矩，心存敬畏、手握戒尺，增强政治定力、纪律定力、道德定力、抵腐定力，始终不放纵、不越轨、不逾矩。要把政治能力训练贯穿党性锻炼全过程，努力做到信念过硬、政治过硬、责任过硬、能力过硬、作风过硬，使自己的政治能力与担当的工作职责相匹配，确保工运事业和工会工作始终沿着正确政治方向前进。

严格落实党建责任。要牢固树立抓好党建是最大政绩的理念，强化抓党建是主业的意识，站在讲政治的高度聚精会神抓党建。进一步健全完善工会系统党建责任体系，把贯彻落实党建工作责任制和党风廉政建设责任制作为抓好党建的“牛鼻子”，明确工作职责，落实“一岗双责”，坚持党建与业务工作同部署、同推进、同检查、同考核。各级工会党组织要切实担负起全面从严治党的主体责任，党组织书记要明确自己的职务是实职不是闲差，自己的身份是政治身份，责任是政治责任。要把党建工作作为考核评价工会系统领导班子和领导干部的重要标准，切实增强落实党建工作责任制的导向性和权威性。

二、以党的思想建设为指引，凝聚团结奋进的精神力量

思想是行动的先导，理论是实践的指南。回顾党的奋斗历程可以发现，我们党之所以能够不断历经艰难困苦创造新的辉煌，很重要的一条就是我们党始终重视思想建党、理论强党，

坚持用科学理论武装广大党员干部的头脑，使全党始终保持统一的思想、坚定的意志、强大的战斗力。在新时代建设伟大工程，必须把思想建设作为党的基础性建设，坚定理想信念，加强理论武装，不断凝心铸魂、补钙壮骨，推动全面从严治党向纵深发展。

强化理论武装。加强理论武装是管根本、保方向的基础工作、灵魂工程，只有理论上的清醒才能保证政治上的坚定。要牢牢抓住学习贯彻习近平新时代中国特色社会主义思想这条主线，围绕增强“四个意识”、坚定“四个自信”、做到“两个维护”，长期坚持、持续发力、不断深化，切实做到常学常新、常思常明、常践常得、常悟常进。要把学习习近平新时代中国特色社会主义思想，与学习马克思列宁主义、毛泽东思想、邓小平理论、“三个代表”重要思想、科学发展观结合起来，深刻理解贯穿其中的坚定信仰信念、鲜明人民立场、强烈历史担当、求真务实作风、勇于创新精神。要与学习贯彻习近平总书记关于工人阶级和工会工作的重要论述结合起来，探索和把握新时代工运事业和工会工作特点与规律，不断丰富和拓展中国特色社会主义工会发展道路。

坚定理想信念宗旨。革命理想高于天。党的十九大要求“以坚定理想信念宗旨为根基”推进新时代党的建设。共产主义远大理想和中国特色社会主义共同理想，是中国共产党人的精神支柱和政治灵魂，也是保持党的团结统一的思想基础。必须把坚定理想信念作为工会系统党的思想建设的首要任务，教育引导工会系统广大党员干部牢记党的宗旨、加强党性修养，挺起共产党人的精神脊梁，解决好世界观、人生观、价值观这个“总开关”问题，自觉做共产主义远大理想和中国特色社会主义共同理想的坚定信仰者、忠实实践者，为实现新时代党的历史使命不懈奋斗。党性教育是共产党人修身养性的必修课，是共产党人的“心学”。要把党性教育作为重要内容，按照党中央统一部署，认真开展“不忘初心、牢记使命”主题教育，不断深化中国特色社会主义和中国梦宣传教育，结合庆祝改革开放40周年活动，开展坚定“四个自信”教育，运用多种形式开展形势政策教育、党史国史教育、革命传统教育，深入开展党章和党规党纪教育、反腐倡廉教育，在严格的党内政治生活中锤炼党性。要充分利用红色资源，大力弘扬红船精神、井冈山精神、延安精神、西柏坡精神等革命精神；充分运用中国工人运动和中国工会的光荣历史、优秀传统和优良作风，讲好中国工人阶级和中国工会故事。

三、以加强工会基层党组织建设为基础，打造坚强战斗堡垒

基层组织是党的全部工作和战斗力的基础，是推动党中央决策部署贯彻落实的神经末梢和执行终端。要树立党的一切工作到支部的鲜明导向，以提升组织力为重点，突出政治功能，把工会基层党组织建设成为宣传党的主张、贯彻党的决定、团结动员干部职工、推动事业创新发展的坚强战斗堡垒。

坚持党建带工建。习近平总书记在中央党的群团工作会议上强调，要完善党建带群建制度机制。这就要求工会组织一定要主动融入党建的大格局，依托党建抓工建。“党建带工建”，“带”是关键，“建”是根本，目的是以“带”促“建”。“带”，就是要充分发挥党组织对工会的引领作用。从思想上“带”，积极探索形式多样的活动载体、活动方式和工作方法，充分发挥党组织在思想政治上的优势，教育引导职工听党话跟党走；从组织上“带”，党组织要积极支持工会工作，加强工会

组织建设，重视工会干部的培养、选拔和使用，配齐配强党组织和工会组织的领导班子；从制度上“带”，就是加强和督促工会组织建立健全各项规章制度和体制机制，充分尊重职工参与管理、监督的权利，维护职工合法权益，搭建好党组织与职工群众之间的桥梁和纽带；从作风上“带”，就是党组织充分发挥基层工会组织密切联系群众的优势，以优良的作风带动工会组织的建设，不断提高工会服务职工群众的能力和水平。“建”，就是要坚持党建工作与工会工作同步，同步谋划、同步推进；坚持党建工作与工会工作互为依托，互相协助、互相促进。

加强工会党组织的自身建设。选好配强党组织领导班子，抓好党组织书记队伍建设，优化党支部、党小组设置，拓宽党支部运行机制、活动载体、活动方式，切实增强自身活力，全面提高能力本领，着力解决一些基层工会党组织弱化、虚化、边缘化问题，推动基层工会党组织设置从“有形覆盖”向“有效覆盖”转变，组织活动从“偏于形式”向“突出作用”转变。要着力加强党支部建设，认真贯彻落实《中国共产党支部工作条例（试行）》，把抓好党支部作为组织体系建设的基本内容，巩固传统领域党支部建设，拓展新兴领域党支部建设，不断扩大覆盖面、着力提升组织力和引导力，突出政治功能、强化政治引领，推动党支部担负好直接教育党员、管理党员、监督党员和组织群众、宣传群众、凝聚群众、服务群众的职责；把抓好党支部作为管党治党的基本任务，党委（党组）书记要亲力亲为，深入支部抓支部，加强党支部标准化、规范化建设；把抓好党支部作为检验党建工作成效的基本标准，切实把全面从严治党落实到每个支部、每名党员，巩固党长期执政的组织基础。

强化基层党组织政治功能。抓好以党组织书记为重点的党务干部队伍建设，全面提高党建工作能力本领。抓好党员干部队伍建设，坚持把政治要求、政治标准、政治教育放在首位，把严的标准和措施贯穿党员教育管理始终，落实到各个环节，着力提高党员队伍素质，引领党员充分发挥先锋模范作用。要严管与厚爱结合，把激励和约束并重，增强政治标准，严把党员发展关；突出针对性有效性，搞好党员干部经常性思想教育；开展“一对一”谈心谈话，把思想政治工作做到党员干部心坎上；认真解决倾向性问题，加强对党员干部的严格管理；做好对党员干部的关怀帮扶工作，增强党组织的向心力凝聚力。

四、以党的纪律建设为重点，努力形成风清气正的政治生态

党的纪律是全党必须遵守的行为准则，加强纪律建设是全面从严治党的治本之策。只有把纪律挺在前面，坚持纪严于法、纪在法前，才能用纪律管住全体党员，激发出全党步调一致向前进的气势。各级工会组织必须要切实加强纪律建设，以强化政治纪律、组织纪律为重点，带动廉洁纪律、群众纪律、工作纪律、生活纪律真正严起来，坚决维护党的纪律的权威性严肃性。

严守党的政治纪律和政治规矩。习近平总书记反复强调，干部出问题，往往是政治上出问题，而政治上的问题无不是从纪律的突破开始的。工会各级党组织、纪检组织要把维护党的政治纪律和政治规矩放在首位，切实履行严明党的政治纪律和政治规矩的政治责任，加强政治纪律和政治规矩学习教育，引导工会党员干部严格遵守党章、贯彻党章、维护党章，坚决防止“七个有之”，切实做到“五个必须”。要把严守政治纪律和

政治规矩的要求落实到各项工作中去，体现在一言一行上，从小事做起、从细节入手，做政治上的明白人。

深入开展党风廉政建设和反腐败工作。要认真履行“两个责任”，不断增强抓党风廉政建设的政治自觉。坚持把纪律和规矩挺在前面，深化运用监督执纪“四种形态”，注重抓早抓小、防微杜渐，加强对党员的日常管理和监督，严格纪律执行，用强有力的问责推动基层党组织落实管党治党责任。要强化日常监督管理，加强对重点岗位、重点领域、关键环节的监督检查，加强对拟提拔干部的廉洁审查，坚持“逢提必核”。加强对工会经费、工会资产审查审计监督，严格规范使用管理，堵住漏洞，严防黑洞。严格规范评比表彰、工程建设项目，落实扶贫领域专项治理工作。工会系统的纪检组织要落实监督职责，充分发挥党内监督、审计监督、群众监督和舆论监督的作用，形成监督的整体合力。要持续加强纪律教育，紧盯重要节点做好廉政风险提醒，提高警示教育的政治性有效性，使铁的纪律转化为党员、干部的日常习惯和自觉遵循。

强化巡视巡察。巡视是党章赋予的重要职责，是加强党的建设的重要举措，是从严治党、维护党纪的重要手段，是加强党内监督的重要形式。各级工会党组织要认真落实党中央、中央纪委关于巡视工作的部署要求，严格执行国家监察法，研究工作方案，细化操作规程，加强对工会领导机关及直属单位巡视巡察全覆盖，着力发现问题形成震慑。要深化政治巡视，重点围绕党的政治建设、思想建设、组织建设、作风建设、纪律建设和反腐败工作，着力对被巡视单位执行党章和其他党内法规、遵守党的纪律、落实全面从严治党“两个责任”等情况进行监督检查，着力对党的领导弱化、党的建设缺失、全面从严治党不力，党的观念淡漠、组织涣散、纪律松弛，管党治党宽松软等突出问题提出整改意见，明确整改责任，加强督查问效、强化成果运用，使巡视标本兼治的战略作用得到进一步突出和强化。各级工会纪检组织要严格依法依规行使职权，自觉接受监督，敢于担当，勇于履职。

五、以加强工会干部队伍建设为抓手，打造一支高素质专业化工会干部队伍

习近平总书记在给中国劳动关系学院劳模本科班学员的回信中提到的干劲、闯劲、钻劲，给工会干部队伍的“高素质”“专业化”要求注入了新的时代内涵。全面加强工会领导班子和干部队伍建设，建设高素质专业化工会干部队伍，是团结动员广大职工在新时代发挥主力军作用的必然要求，是开创新时代工会工作新局面的客观需要，是加强工会自身建设的重要内容。

坚持好干部的标准。习近平总书记提出“信念坚定、为民服务、勤政务实、敢于担当、清正廉洁”的好干部标准，是新时代干部的实践准则和奋斗方向，也是对工会系统党员干部的殷切希望，为选人用人树起了时代标杆。要落实党管干部原则，突出政治标准、政治素质，树立重实干重实绩的用人导向，真正把那些政治上忠诚可靠、知职工懂职工爱职工、善于打开工作局面的人选出来、用起来，锻造一支让党放心、让职工群众满意的工会干部队伍。

完善制度机制。要做好工会干部培育、选拔、管理、使用工作，建立素质培养、知事识人、选拔任用、从严管理、正向激励的干部工作体系。要贯彻落实《关于进一步激励广大干部新时代新担当新作为的意见》，以正确选人用人导向激励干部，完善考核评价体系，坚持政治上激励、工作上支持、待遇上保

障、心理上关怀，旗帜鲜明地为敢于担当的工会干部撑腰鼓劲，充分激发广大工会干部干事创业的积极性、主动性、创造性。完善工会干部培养、交流和使用制度，注重在基层一线和职工群众中培养工会干部，优化干部成长路径，打造专职为主、兼职挂职相结合的干部队伍。建立工会干部系统化培训机制，以基层工会干部为重点大规模开展学习培训，深化“送教到基层”活动，提高培训质量，增强群众工作本领，培养一大批劳动经济、劳动法律、劳动关系、信息技术等方面专门人才，加强基层工会干部和工会积极分子队伍建设，扩大社会化工会工作者队伍。落实《关于适应新时代要求大力发现培养选拔优秀年轻干部的意见》，关心年轻干部健康成长，加强长远规划，健全工作责任制，及时发现、培养、起用优秀年轻工会干部，确保工运事业薪火相传、后继有人。建立维权保障机制，热情关心关爱干部，关注干部思想和工作动态，关心干部身心健康，帮助干部解决实际困难；强化对基层工会干部的权益保护，给予更多理解支持，主动排忧解难，让基层工会干部安心、安身、安业，更好履职奉献、积极作为。

增强工会干部能力本领。党的十九大强调领导干部要增强学习本领、群众工作本领等“八种本领”，并将增强学习本领放在第一位，凸显了学习对共产党人的重要性。各级工会要采取切实有力的措施，引导广大工会干部加强学习、增强本领，形成勤于学习、刻苦钻研的良好风气，跟上时代进步的潮流。要原原本本学理论，重点是抓好对习近平新时代中国特色社会主义思想的学习，并与学习习近平总书记关于工人阶级和工会工作的重要论述相结合，坚持读原著、学原文、悟原理，不断增强运用科学理论指导工会工作的能力和水平。要扎扎实实学业务，组织工会干部认真学习党和国家的各项方针政策尤其是宏观经济社会政策，及时更新完善知识结构，提高分析和解决实际问题的能力，掌握适应时代发展和工作需要的知识与本领；引导工会干部特别是年轻干部沉下心来干工作，心无旁骛钻业务，干一行、爱一行、精一行，把他们培养成为职工群众工作的行家里手。要坚持联系实际，发扬理论联系实际的马克思主义学风，在改革开放和现代化建设的大课堂中砥砺精神，在创造性地贯彻执行党的路线方针政策中深化认识，在破解重点难点问题中增强能力。要拜职工为师，带着感情和责任深入职工群众，及时发现职工群众创造的新鲜经验，从基层一线获得解决问题的智慧，改进工作思路和方法。

六、以加强作风建设为保障，不断提升吸引力凝聚力战斗力

党的作风就是党的形象，关系人心向背，关系党的生死存亡。作风建设永远在路上，永远没有休止符。全面加强工会系统党的建设，推动全面从严治党向纵深发展，必须坚定不移从作风建设的突出问题入手，坚持问题导向，保持战略定力，凝聚意志、激发活力，不断提升工会组织吸引力凝聚力战斗力。

认真贯彻党的群众路线。工会作为党领导的工人阶级群众组织，群众路线是工会工作的生命线和根本工作路线。密切联系职工群众是工会组织最大优势，脱离职工群众是工会组织最大危险。要引导工会干部牢固树立群众观点，坚持群众路线，增强群众意识，站稳群众立场，始终把竭诚为职工群众服务作为一切工作的出发点和落脚点，不断增进与职工群众的深厚感情，时刻把职工群众的安危冷暖放在心上，把他们关注的难点和热点作为工会工作的重点，站在职工群众立场谋划工作，围绕职工群众需求提供服务。坚持为广大职工做实事、办好事、

解难事。要进一步健全联系服务职工长效机制，健全完善基层联系点、同职工结对子同劳动、代表联络、提案办理、工作评价评议等常态化联系职工群众制度，使联系职工、服务职工常态化制度化，面对面、心贴心、实打实做好职工群众工作。

持之以恒纠正“四风”。要巩固拓展落实中央八项规定及其实施细则精神成果，严格执行《全国总工会贯彻落实中央八项规定的实施办法》等有关规定，紧盯“四风”新动向、新表现，保持高压态势，坚决防止“四风”反弹回潮。认真查找在文风会风、调查研究、工作作风等方面存在的形式主义问题，认真查找在服务职工、密切与职工群众联系等方面存在的官僚主义问题，亮明坚决态度，拿出过硬措施，扎实整改到位，从根源上拔除形式主义、官僚主义。要充分发挥工会审查监督作用，将贯彻落实中央八项规定及其实施细则精神情况纳入审查重点。

大兴调查研究之风。调查研究是我们党做好领导工作的传家宝，也是工会的优良传统、特点优势。站在新时代的历史起点上，系统总结过去、破解工会难题，科学谋划未来、开创工会工作新局面，调查研究都是前提和基础。要深入贯彻习近平总书记关于大兴调查研究之风的重要指示精神，把调查研究作为一项经常性工作，形成长效机制，持之以恒开展下去。要围绕工会十七大报告确定的目标任务，深入细致开展调查研究，为推动工会工作创新发展提供有力支撑。要瞄准工会工作中存在的体制机制不顺、方式方法陈旧、干部能力素质欠缺、资源手段不足、维权服务不力、基层基础薄弱等具有普遍性的困难和问题，进一步深化调研探索，注重从政治上、全局上去分析，找准问题症结，提出解决对策。要系统总结经验。基层是工会工作创新的源泉，职工群众中蕴藏着无穷的智慧，各级工会在探索实践中积累了丰富的经验，需要深入提炼总结，不断深化对新时代工会工作的规律性认识。加强转化应用。离开了应用，调研就成了无的放矢。要注重成果的拓展运用，不仅要形成一批有质量有分量的调研报告，还要制定一批工作实施方案和指导意见，推广一批先进典型，解决一批实际问题，把调研成果切实运用到推动工会工作创新发展上。

编者后记

中国工会十七大是深入贯彻落实党的十九大精神、推动新时代工会工作开创新局面的一次重要会议，是全国亿万职工群众和广大工会干部政治生活中的一件大事。工会十七大报告是大会重要文件之一。认真学习宣传贯彻工会十七大精神，全面准确领会工会十七大报告的精神实质，关系工会工作全局，关系工运事业长远发展。为此，我们组织编写了《中国工会十七大报告辅导读本》一书，供各级工会组织、广大工会干部及关心工会工作的各界读者学习工会十七大报告时参考。

全国总工会对本书的编写高度重视。全国总工会党组书记、副主席、书记处第一书记、中国工会十七大文件起草组组长李玉赋担任本书主编。

参加本书编写的是参与中国工会十七大报告起草的部分成员，他们是（按姓氏笔画为序）：王娇萍、吕国泉、阳万雄、李羿、李蕾、李睿祎、张妍延、徐世鼎、逄国君、陶志勇。全国总工会研究室主任吕国泉、副主任陶志勇负责组织协调等工作。

由于编写水平有限，时间仓促，书中难免有不妥之处，敬请广大读者批评指正。

2018 年 10 月

图书在版编目（CIP）数据

中国工会十七大报告辅导读本 / 李玉赋主编. —北京：
中国工人出版社，2018.10
ISBN 978-7-5008-7073-9

Ⅰ.①中… Ⅱ.①李… Ⅲ.①中国工会代表大会—文
件—学习参考资料 Ⅳ.①D412.3

中国版本图书馆CIP数据核字（2018）第237086号

中国工会十七大报告辅导读本

出 版 人 王娇萍
责任编辑 王学良
责任校对 孙迺伟
责任印制 栾征宇
出版发行 中国工人出版社
地 址 北京市东城区鼓楼外大街45号 邮编：100120
网 址 http://www.wp-china.com
电 话 （010）62005043（总编室） （010）62005039（出版物流部）
（010）82075935（工会与劳动关系分社）
发行热线 （010）62004002 62033018 62046264 （010）82081553（传真）
经 销 各地书店
印 刷 北京美图印务有限公司
开 本 660毫米×960毫米 1/16
印 张 12.5
字 数 150千字
版 次 2018年10月第1版 2018年11月第2次印刷
定 价 28.00元